アジアキリスト教史叢書 3

増補改訂版

はじめての中国キリスト教史

監修
渡辺祐子

石川照子
桐藤　薫
倉田明子
松谷曄介
渡辺祐子

かんよう出版

『増補改訂版　はじめての中国キリスト教史』を読む方々へ

金丸　裕一

本書をいま手に取っている方々は、はたしてどのような関心を抱いた結果ここに辿り着いたのだろうかと、そんなことを想像しながらこの一文を認めている。

例えば、クリスチャンで中国のキリスト教に関心を持った方々。出張や旅行で訪中した際に主日礼拝を守り、着席できないほど多い参加者に驚き、その内容について知りたくなるような場合もあるだろう。しかし現在、キリスト教専門書店や図書館に出向いたとしても、中国における信仰を紹介した書籍は、余りに少ない。神学者の著書を日本語で読みたいと思っても、丁光訓や王艾明、そして王明道や倪柝聲《ウオッチマン・ニー》・李常受《ウイットネス・リー》以外には、ほとんど見当たらない。

あるいは、中国の歴史を学ぶ過程で出会った知識の背景を知りたいと願う方々。実は現在、高等学校までの歴史教育の中で、中国キリスト教史については、まったくといってよいほど教えられていない。試みに、極めて水準が高いとされる教科書である『詳細　世界史B』（山川出版社）をひもとくと、次の項目が収録されているだけである。景教、モンテ・コルヴィノ、マテオ・リッチ、徐光啓、坤輿万国全図、崇禎暦書、幾何原本、イエズス会、アダム・シャール、フェルビースト、ブーヴェ、カスティリオーネ、皇輿全覧図、典礼問題、北京条約、洪秀全、拝上帝会、太平天国、義和団。

これはすなわち、隣人たちの信仰の内容について、私たちが余りにも関心を寄せなかった結果にほかならない。現代中国のキリスト教は、三自愛国系と家庭教会系の激しい対立の中にあるといった単純化された俗説は、もはや成り立たないだろう。また、中国キリスト教史とは略々「東西文化交流」の枠組みでおいてのみ知られてきた存在であり、二〇世紀以降の激変する環境下における様々な営為について私たちは、接する機会を得なかったことをも示す。もっとも、学術書にまで視野を広げたのであれば、吉田寅・山本澄子・矢沢利彦・深澤秀男による優れた成果や、富坂キリスト教研究センター編『原典現代中国キリスト教資料集』（新教出版社、二〇〇八年）などの意欲的作品に接することは可能であるが、最初の敷居が高く設定されると、どうしてもその先には進み難いと思う。

昭和初年、既に中国大陸において活動を進めていた牧師・清水安三（戦後、桜美林大学の創設者）は、「日本基督教史は先づ支那基督教史から発足して編纂されるべきである。……然るに日本の基督教史家の多くは、支那基督教史研究を等閑に附している」（「支那基督教史論」一、『基督教研究』六－三、一九二九年）と嘆いたが、敗戦までの四半世紀、北京・崇貞学園の運営に携わった彼は、やはり例外であった。例えば、中華人民共和国のキリスト教界との交流にも熱心であった武田清子が中心となって編纂された労作・国際基督教大学アジア文化研究所編『アジアにおけるキリスト教比較年表』（創文社、一九八三年）において、中国の欄は他国との比較において余りにも情報量が少ない。その後、神学専門雑誌において漸く「中国」が登場し始めるのは、一九九〇年代を待たなければならなかった。

日本キリスト教史研究において、宣教史や関係史の文脈で中国を含むアジアを論じた研究は、近年増加しつつある。しかしながら、宣教や伝道の「対象」として中国を扱う場合であっても、日本よりも早い時期からキリスト教に接し、聖書や教義の現地語翻訳においては先輩格にあたる同地が、日本の進出以前に如何なる状況にあったのかを知る作業は、絶対に不可欠だろう。換言すれば、宣教する「対象」では既に、信仰する「主体」が形成されていたのだ。戦前・戦時期の日本による対外活動の評価に際しては、「他者」のあり方を如何に認識・評価して、どのような関係性を取り結んできたのかという視点からの考察が不可欠である。この作業を経て、「自己」像はより鮮明となるだろう。

このような経緯の下、本書は必ずしも厳密な意味での「通史」ではない。近年、意欲的な実証研究を世に問い続けている優れた専門家たちが、各々の知と信を拠り処にして、隣国の主に在る兄弟姉妹たちのあゆみ、その社会において果たした役割、更に日本キリスト教界との交流や矛盾を、平易なことばで物語った概説である。更に学びを深めたい読者は、執筆者たちが他の媒体で公表している著書や論文を参照すれば、より精緻な議論や典拠を知ることも可能だ。

敗戦後七〇年を経て刊行された本書初版は、図らずも別の大きな任務を負わされていた。すなわち、戦後キリスト教界における過去を反省した言説、あるいはキリスト教史研究において示される自己批判的な評価などに対して、一部の教会において異議申し立てが語られるようになった。曰く、「大東亜戦争」の積極的世界史的意義の肯定を含めて、土着化・文脈化としても「日本人のアィデンティティの確立を助けて希望と勇気を与えるキリスト教の提示」が大切であり、これによって日本宣教の突破口を開くといった、信仰とナショナリズムの再結合の動きである。学会では全く相手にされない床屋談義風の俗説を「歴史的事実」と断定して議論する乱暴さには、専門知を蔑む反知性主義的な欺瞞を感じるのであるが、隣人に憎悪や不信の眼差しを向ける信の在り方に対して、本書の各章・コラムにおいて示されるアカデミックな成果は、寡黙ではあるが力強い反撃材料となるだろう。

残念ながらこの数年、「中国」乃至「中共」を主語とする様々な出来事の混迷ぶりに心を痛め、かつ憤る場面も激増してしまった。だが、集合名詞で一括りにされがちな集団の中にも、主なる神によって創造された一人ひとりの人格が健在である事実を、歴史を通じて想起してほしいと願ってやまない。

そして、日韓の相互理解の深化に多大な貢献をしている「かんよう出版」から本書増補改訂版が再刊される意義も大きい。一人でも多くの教職者・信徒、更に学生や市民が本書を読み解き、来るべき時代への同行者となすことを、心より期待する次第である。

（かねまる　ゆういち　立命館大学経済学部教授）

増補改訂版　はじめての中国キリスト教史

目　次

目　次

〈コラム〉

カバー写真

（表側）

右上　ハルビンの聖ソフィア大聖堂

右下　延吉の参花基督教堂

左　　南京の聖訓堂

上　　中国語聖書（和合本、香港聖経公会）

中　　瀋陽の天主堂

下　　上海の鴻徳堂

（裏側）

上　　杭州の崇一堂

左下　香港雨傘運動時の路上教会

右下　大同の聖母聖心堂

上　　南京の莫愁路堂

中上　上海の沐恩堂

中下　上海の沐恩堂

下　　温州の某家庭教会

（いずれも著者撮影）

増補改訂版　はじめての中国キリスト教史

第一章　東シリア教会と中国

はじめに

キリスト教が中国に初めて伝えられたのは七世紀、唐朝の時代である。国際文化の華やかなこの時代に、キリスト教は西アジアからシルクロードを通って中央アジア、チベット、そして中国に伝えられた。かつてのアジアには数多くのキリスト教徒が存在していたが、モンゴル元の時代の終焉とともに彼らは忽然と姿を消し、漢族の記憶からも失われてしまったのである。このようにアジアではキリスト教のダイナミックな展開があったにもかかわらず、その全体像はあまり知られていない。本章ではキリスト教の中国への伝播とその後の展開を七世紀から十四世紀までを中心に概説的に述べることで、その全体像を描き出すことを目的とする。

一、東シリア教会のアジア伝道

東シリア教会の成立

パレスチナの地で起こったキリスト教がいつ、ペルシャ地域に伝道されたのかは定かではない。キリスト教の東方伝道に関する伝承は、聖トマス伝説やイエスの弟子アッダイの弟子であるマリによる伝道など様々残されているが、実際のところは二世紀頃に始まったと考えられている。当時のペルシア地域はパルティア帝国が統治していたが、二二六年にササン朝によって滅ぼされる。ササン朝はゾロアスター教を国教として統治を行うが、領域内のキリスト教徒を比較的寛容に扱っており、エデッサにあるアンティオキア学派の流れを汲む神学校では、神学研究と伝道者の養成が盛んに行われていたほどである。このエデッサ神学校の教師の一人にモプスエスティアのテオドロス（三五〇－四二八）がおり、このテオドロスの薫陶を受けたのが、エフェソス公会議で渦中の人となるネストリオス（三八一－四五一）であった。

キリスト教はローマ帝国の統治下で度重なる迫害を受けたが、ローマ皇帝コンスタンティヌス一世（在位三〇六－三三七）のミラノ勅令（三一三年）によって公認されて以降、迫害は止むことになる。その一方で、ペルシャ地域では敵国ローマの宗教と見なされることになり、今度はペルシア領内での迫害が起こり始める。ササン朝とビザンツ帝国との間で軍事衝突が断続的に起こったため、ペルシア地域の教会は西側教会との関係を維持することが難しくなり、組織的には独自に運営せざるを得なかった。このような状況のなか、四三一年にエフェソス公会議が開催される。コンスタンティノポリス大主教ネストリオスがキリストの両性論を主張し、また聖母マリアを「神の母」と呼ぶことに反対したところに端を発するとされており、結果的にネストリオスは異端と断罪され、彼とその支持者はローマ帝国から追放された。支持者の多くはペルシア地域に向かい、彼らを含めたペルシアのキリスト教徒たちは四八六年にセレウキアで教会会議を開催し、モプスエスティアのテオドロスの思想に基づいたキリスト論を採択するに至る。こうして東シリア教会が成立するが、西側教会から独立するに至った理由は、ネストリオスの主張に親和性の高いエデッサ神学校の神学的立場が考えられるものの、それ以上に敵国ローマで異端とされた教理に従うことで、ササン朝に対して自らの教会が西側教会とは組織的にも教理的にも一線を画した立場であることを明確にし、王朝からの迫害を避けようとする政治的判断であった可能性が高い。エデッサ神学校は四八九年に閉校するが、教師たちはニシビスに移って新たな学校を開校し、その後の東シリア教会における教理の発展に多大な貢献をすることになる。

シルクロード伝道とソグド人

東シリア教会は、西方にビザンツ帝国という巨大な障壁が存在したため、伝道活動の向かう方向は東方であった。セレウキア・クテシフォンに総大主教座を設け、そこを拠点に東方に宣教師を派遣して教勢を拡大していった。一つはインド方面であり、一六世紀末までは東シリア教会から派遣された主教がインドの教会を管轄していた。もう一つがシルクロード方面である。シルクロードにはオアシス国家が点在しており、キャラバン隊がそれらの都市を交易のために往来していた。このキャラバン隊はソグド人を中心に構成され、彼らが当時、シルクロードの長距離貿易を独占し、主要な都市に貿易拠点を設けていた。商人という性質上、交易を行う際に有利に働く宗教を信仰する傾向があり、ソグド人には仏教徒やゾロアスター教徒、マニ教徒がいたが、東シリア教会成立後はキリスト教徒が増加する。ローマから追放されたネストリオスの支持者には技術者が多く含まれており、彼らの技術は様々な工芸品を生み出してペルシア文化の繁栄に大きく貢献した。これらの工芸品が交易において重宝されたのは言うまでもなく、ソグド人をキリスト教に惹きつけた理由の一つに、東シリア教会のこの高い技術力があった。シリア語で「商人」が「福音を述べ伝える者」の隠喩として使われるように、ソグド人キリスト教徒たちは宣教師とともに行く先々でキリスト教を伝道してコミュニティを形成し、その維持と発展に努めた。このように交易と伝道は並行して行われたのである。シルクロード諸都市の人々は、ソグド人のもたらすペルシア文化の粋を込めた工芸品の数々に魅了され、彼らを歓迎し、またその宗教を積極的に受け入れた。砂漠に閉ざされたオアシス都市の人々にとって、ソグド人のもたらす工芸品や宗教を受け入れることは自らにとっての文明化であった。宣教師とソグド人による二人三脚の伝道は、四－五世紀にはホラーサーン、五世紀末にはエフタルに至り、六四四年には中央アジアで強勢を誇っていた突厥の王の一人を改宗することに成功している。そして各地に教会堂を建設し

ホスローのイーワーン
クテシフォンに建設された宮殿。戦争によって捕虜となったキリスト教徒たちによって建設された。

て主教区を設け、サマルカンド、メルヴ、カシュガルなどシルクロードの要地には大主教座を置いて、中央アジアでの伝道活動を統括した。

　シルクロードは天山山脈沿いに中国へ向かうルート以外に、カシュガルから南下してチベットに向かうルートも存在する。そのルートを通ってチベット伝道も行われ、現在のインドの都市ラダックの東に位置するタンツェにおいて東シリア教会の痕跡が発見されており、八二五年に宣教師がソグド人商人とともにチベット（吐蕃）王に謁見した記録が残されている。チベット伝道の詳細は不明であるが、敦煌にチベット主教区が存在した可能性があり、チベット仏教が東シリア教会の礼拝様式を踏襲している部分が多いことから、この地でも積極的な伝道活動が行われていたはずである。

タンツェ近郊で発見されたソグド語碑文

　東シリア教会の東方伝道は、このようにシルクロード沿いに発展し、そしてついには中国に至ることになる。中央アジアではペルシア文化の優位性が伝道を進める上で有利に働いたが、ペルシアに劣らず高度な文化水準を誇る中国の場合は従来の伝道方針が通用せず、これまでとは異なる展開を見せることになる。

二、唐朝のキリスト教

中国伝道のはじまり

東シリア教会のキリスト教徒が、中国に渡来した正確な年代は分からない。漢の武帝（在位前一四一－前八七）の時代、万里の長城が敦煌近くの玉門関（現在の甘粛省西側）まで延伸されると東西間の人の往来が活発になり、後漢の時代には仏教が外来の宗教として中国に伝来した。魏晋南北朝の時代を迎えるとこれまでの活況は陰りを見せ、その時代に終止符を打ったのが、五八一年に成立した隋朝であった。隋は現在の西安に大興城（後の長安城）を建設し、さらにシルクロードの安全を確保して交易で得られる商益の確保をはかった。西域の諸都市に対して隋への朝貢を促したため交易が活発になり、大興城は様々な民族が集う国際都市となっていった。恐らくこの時期にソグド人キリスト教徒たちも長安に来ていただろうが、公式記録としては唐の太宗（在位六二六－六四九）の時代である六三五年、東シリア教会の阿羅本（Alopen）を団長とする使節団の来朝が最初である。この使節団は宰相である房玄齢（五七八－六四八）の出迎えを受けているため、ササン朝の公的な外交使節団であったはずである。当時のササン朝は度重なる内乱やイスラームの台頭で滅亡の危機に瀕しており、六三二年に即位した皇帝ヤズデギルド三世（在位六三二－六五一）は、この使節団に唐朝への援助要請の任務を託した可能性が高い。阿羅本はそ

陝西省周至県に現存する大秦寺塔

の任務を遂行しつつ、唐朝領域に東シリア教会の拠点を確立することに全力で取り組んだ。キリスト教の教理内容を王朝に説明するために作成した『序聴迷詩所経』と『一神論』には、東シリア教会の教理が皇帝崇拝と父母への孝養を重視することを、特に丁寧に述べている。皇帝の権力に服従することと孝養を重視することは、キリスト教が中国社会に受け入れられるためには不可欠なことである。

この時点でその必要性をすでに理解しているということは、使節団の来朝以前にある程度の中国伝道の経験があったのだろう。この結果、キリスト教は公認され、「波斯寺」という名の教会堂が建設される。高宗（在位六四九－六八三）の時代にはさらに広がりを見せて各地に教会堂が建設され、長安、洛陽、霊武（寧夏回族自治区銀川市）、甘粛、成都、峨眉山のものが確認されているが、なかでも陝西省周至県に現存する塔は有名である。このほかにも広東と敦煌に大規模な共同体があり、中国各地にキリスト教徒が点在していたことは疑いない。ただ、そのキリスト教徒というのは西来の非漢族を中心に構成されており、漢族への影響はほとんど見られなかったのである。

最盛期

教会の状況は皇帝の意向に大きく左右された。熱心な仏教信奉者の則天武后（在位六八三－七〇五）が即位すると、教会は武后を後ろ盾とした仏教集団によって相次いで襲撃され、多くの会堂が略奪され、洛陽の教会堂に至っては略奪の後に破壊される被害を被った。その後しばらく政局の混乱が続いたが、玄宗（在位七一二－七五六）がそれを収束させて即位すると、唐朝は「開元の治」と呼ばれる最盛期を迎える。その繁栄の最中、東シリア教会の使節団が七四四年、長安に到着して玄宗に謁見し、長安城内において宣教師一七名による礼拝を執り行う栄誉を授かることになる。この異例の厚遇の背景には、宣教師たちが豊富な資金を用いて、ペルシアの工芸品などの貴重な贈り物を玄宗に献上したことがある。東シリア教会の資金源には中央アジアの裕福な資産家や商人からの献金があったが、それに加えて新たにペルシア地域の支配者となったアッバース朝のカリフが、東シリア教会の中国における豊富な経験を重視し、彼らを東方戦略の顧問兼通訳として任用したため、その活動資金も財源になっていた。この後、キリスト教の名称は「波斯教」から「景教」へ、教会堂は「波斯寺」から「大秦寺」へと改名された。すでに滅亡したササン朝ペルシアの名称を避け、なおかつ他のペルシア起源の宗教であるゾロアスター教とマニ教との混同を避ける意図があるのは明らかであるが、なぜ「景」を用いたのかは分かっていない。「大秦」は『漢書』に典拠を持ち、ローマ帝国を指す名称として用いられてきた言葉である。

大秦景教流行中国碑の碑首

しかし玄宗が楊貴妃（七一九－七五六）を溺愛して政治を怠り、唐朝の繁栄に陰りが見えはじめると、ソグド人の父と突厥系の母の混血児である安禄山（七〇三－七五七）が、七五五年に唐朝に対して反乱を起こす。安禄山軍の猛攻に唐朝の軍は対応できず、玄宗は長安を脱出して四川に逃れ、粛宗（在位七五六－七六二）は玄宗が在位中にもかかわらず戦意高揚のため霊武で即位し、体勢を整えて反撃に出る。霊武を管轄する節度使であった郭子儀（六九七－七八一）は唐軍の総司令官に任命され、劣勢を挽回しようとするが、唐朝の兵力を総動員しても反乱軍を鎮圧するには十分ではなかった。そこで西方のウイグルに援軍を求める決断をする。当時、ウイグルは突厥を滅ぼして中央アジア一帯に強い勢力を持っており、しかもキリスト教を信仰する人々であった。ウイグル騎馬軍団の活躍によって反乱軍は総崩れとなり、また内部分裂を繰り返して自滅していった。唐朝はウイグル騎馬軍団の功績を称え、その記念碑として東シリア教会の中国伝道の概略が刻まれた「大秦景教流行中国碑」を七八一年に建立した。こうして唐は滅亡の危機を脱したが、ウイグル騎馬軍団は反乱軍から洛陽を奪還したときにマニ教の高僧を連れて帰っており、その後、ウイグルではマニ教が急速に浸透することになる。マニ教は公式には六九四年に長安に到達しているが、阿羅本が行ったような中国文化に適応しようとする意識に乏しく、仏教に接近して王朝から警戒されていた。それに加えてウイグル人は唐朝の治安維持を担うようになってから、その立場を利用して我が物顔に振る舞ったため評判が非常に悪く、漢族はウイグル人など非漢族に対して不満を溜め込んでいくことになる。

衰退期

武宗（在位八四〇－八四六）が即位すると、道教に心酔していた武宗は仏教への抑圧を強め、八四五年に「会昌の廃仏」と呼ばれる大規模な仏教弾圧を行う。仏教寺院を破壊して財産を没収し、僧尼を強制的に還俗させたが、暴力を伴った一連の弾圧は非漢族に対して不満をため込んでいた漢族の排外意識に火をつけ、攻撃対象はマニ教徒、ゾロアスター教徒、さらにはキリスト教徒へと拡大していった。この時、大秦景教流行中国碑が破壊を避けるために土中に埋められたことは、この弾圧がいかに凄まじかったかを物語っている。その後まもなくして、武宗は道教の長生薬である丹薬を服用して中毒死し、次に即位した宣宗（在位八四六－八五九）は武宗の方針を転換して仏教寺院の再建を許可し、仏教勢力は徐々に回復していった。東シリア教会は仏教集団に接近することで安全を図り、その結果、教理内容も次第に仏教化していき、果ては仏教と見分けが付かなくなっていった。

もはや地方への統御力を失った唐朝はその後、有効な政策を打ち出せずに衰退の一途をたどり、長期に渡る旱魃や蝗害が起こると、飢えに苦しむ人々を幅広く糾合した反乱である黄巣の乱（八七四－八八四）が勃発する。黄巣（八三五－八八四）は拠点を設けずに各地を略奪して回り、八七七年に広東を陥落させた際、「蕃坊」という外国人居住区に住むユダヤ教徒やゾロアスター教徒、そしてキリスト教徒あわせて一二万人を殺害しており、彼らの間に根強く残る排外意識を窺うことができる。黄巣軍は突厥系の祖先を持つ李克用（八五六－九〇八）が率いる強力な騎馬軍団の猛攻を受けて壊滅し、その後、李克用も朱全忠（在位九〇七－九一二）に破れ、朱全忠が禅譲を受けることにより、唐王朝は九〇七年に滅亡した。

唐朝の崩壊によってシルクロード交易路の安全が脅かされるようになると、長安とバグダッドの総大主教座との連絡は途絶えることになる。宋朝が誕生してから二十年後の九八〇年、バクダッド総大主教座が六名の宣教師を中国に派遣した際、彼らは「中国にキリスト教徒は一人も残っていない」と報告している。百年の間にキリスト教の仏教化が進んだことに加え、キリスト教は非漢族の宗教であったため、宋朝のように漢族主体の王朝になるとキリスト教徒は中国から姿を消すことになるのであった。

三、モンゴル元のキリスト教

モンゴル王室とキリスト教

シルクロードにはトルファンの東にあるハミ（新疆ウイグル自治区クルム市）から、西北に延びてカラコルムに至るルートがある。東シリア教会の伝道活動は、このルートを通ってバイカル湖周辺にまで及んだ。ここではケレイト部、ナイマン部、オイラト部などが活動しており、宣教師は一〇〇七年にケレイト部のカンとその集団の人々を改宗することに成功する。この地域で最も強い勢力を持つケレイト部を改宗したことは、東シリア教会の東方伝道において大きな前進であった。ケレイト部のトグリル（?－一二〇三）は、イェスゲイ（?－一一七一）の援助を受けてケレイトの支配者となり、ヨーロッパにおいて東方のキリスト教国の王プレスター・ジョン伝説のモデルとなる。トグリルを援助したイェスゲイの息子がテムジン（在位一二〇六－一二二七）であり、後のチンギス・カンである。テムジンは一時期、トグリルのもとに身を寄せており、彼の援助によってモンゴルの長となる。しかしその後、モンゴル高原の覇権を争ってトグリルとテムジンは衝突し、激しい戦闘の末にテムジンが勝利し、トグリルは逃亡中に殺害された。残されたトグリルの娘たちは、テムジンの息子たちの妃となる。なかでもトルイ（一一九二－一二三二）の正妃ソルコクタニ・ベキ（一一九二?－一二五二）は特に名の知られたキリスト教徒であり、トルイとの間にはモンケ（在位一二五一－一二五九）、クビライ（在位一二六〇－一二九四）、フレグ（在位一二六〇－一二六五）、アリクブケ（在位一二五九－一二六四）といった後のモンゴル帝国の中心となる人物が生まれている。彼ら自身はキリスト教徒にならなかったものの、モンゴル王室にはキリスト教徒や、キリスト教に理解のあるものが多く、それは政策にも少なからず反映されている。フレグの創始したイール・ハーン朝が、当初キリスト教に非常に寛容だったのはその一例である。テムジンはモンゴル高原の覇権を握ると、一二〇六年にオノン川上流において諸部族の長を集め、自らが諸部族の支配者であることを示して「チンギス・カン」を名乗り、モンゴル帝国の建国を宣言した。

ヨーロッパ世界との衝突

モンゴル帝国は、多様な部族を吸収して形成された部族連合体である。旧部族を一つの単位としてそのまま旗下に組み込むと反乱を起こす恐れがあるため、チンギスは部族を解体して千人隊に再編成した。それによってそれぞれの部族特有の伝統宗教も解体されることになるが、キリスト教や仏教のように民族の枠を超える宗教は、出自の異なる多様な部族を統合するための手段となり得たため、寛容に扱われることになる。チンギスは自らに従う者に対しては寛容であったが、敵対する相手に対しては容赦がなく、宗教に関わりなく殺戮し、都市を徹底的に破壊した。制圧した都市の住民を次の戦闘の最前線に立たせて人間の盾にするなど、モンゴル軍の進軍のあとには累々とした死体が残され、都市の破壊は灌漑設備にも及び、周辺地域の砂漠化を促進させた。繁栄を誇ったメルヴもこれによって再起不能になるほど、その破壊は徹底していた。チンギスの後継であるオゴデイ（在位一二二九－一二四一）の二大遠征も同様であり、西征の総大将バトゥ（一二〇七－一二五六）はチンギスと同じく殺戮と破壊によって進軍し、都市に建てられた東シリア教会の教会堂も被害を免れることはできなかった。その後、この空白となった地帯を埋めるようにイスラームが流れ込むことになり、モンゴルの遠征は結果的にイスラーム勢力の伸長を促すことになったのである。

バトゥの進軍を当初ヨーロッパ世界は歓迎していた。モンゴル軍をプレスター・ジョンの軍勢と思い込み、宿敵イスラームとの挟撃の可能性に希望を抱いたが、モンゴル軍はアッバース朝を滅ぼすとそのままヨーロッパに雪崩れ込んできた。一二四一年にレグニツァで行われたドイツ・ポーランド連合軍との戦いは、モンゴル軍の一方的な攻撃を受けるだけの悲惨な敗北であった。連合軍敗北の報は、ヨーロッパの人々を恐怖のどん底に突き落とした。ローマもモンゴルの手に落ちるのは時間の問題と思われたが、オゴデイの死によってモンゴル軍は退却し、ローマはモンゴル軍の破壊から辛うじて免れたのである。

ローマ教皇インノケンティウス四世（在位一二四三－一二五四）は、モンゴルへの諜報活動と外交関係の樹立を目的に、フランシスコ会士プラノ・カルピニ（一一八二－一二五二）を派遣する。一行はカンバリクに到着し、その時に執り行われたグユク（在位一二四六－一二四八）の即位式に参列する栄誉を授かる。カルピニたちがそこで見たのは、グユクの周囲には数多くのキリスト教徒がいることであった。グユクはキリスト教徒を厚遇しており、グユクのゲルの後ろにはテント式のチャペルが張られていたほどである。この状況にカルピニは今回の交渉の成功に期待を膨らませたが、外交関係の樹立という目的は達成できなかった。その後グユクは急死し、バトゥらによるクーデターによって政権中枢のキリスト教徒たちも粛清されたのである。

遊牧騎馬民族の信仰生活

モンゴルにおける教会堂はゲルという移動式テントであったため、建造物としては現存していない。またシルクロードの各都市に建築された教会堂もモンゴル軍やイスラーム軍よって破壊されており、現存するものはほとんどない。キリスト教の痕跡を残す遺物として圧倒的な数を占めるのは、十字架が刻まれた墓石である。オングト部の中心地であったオロン・スム（内モンゴル自治区）やマンジュ族の住む中国東北地方では、十字架を刻んだ墓石が数多く発見され、マンジュ族、つまり後の満州族にもキリスト教徒が多くいたことを窺わせる。中国東北地方を拠点とするチンギス・カンの子孫の一人ナヤン（一二五八－一二八七）は東シリア教会のキリスト教徒であり、十字架を描いた軍旗を掲げて叔父にあたるフビライに対して大規模な反乱を起こしている。

オルドス地方で発見された銅製の十字架。中心部に逆卍が刻まれている（5cm×5cm）

この反乱はフビライの親征によって鎮圧されるが、ナヤンの敗北について「ナヤンは十字架を印としたが、十字架は彼を助けなかった」という言葉が残されているように、当時のキリスト教徒は神やイエスよりも十字架を重視しており、十字架に神秘的な力が宿ると信じていた。そしてその魔除けの効果に期待し、肌身離さず身に付けていたのである。移動を常とする遊牧民にとっては、巨大な像よりも小型の十字架の方が生活スタイルに合っていたのである。オルドス地方で大量に発見された十字架には、十字架と仏教のシンボルである卍が組み合わさったものがあり、宗教が厳密に区別されずに共存していたことが窺える。そのほかにも、「神」という言葉を唱える回数が多ければ多いほど、神から多くの報いを受けることができると信じていたり、葬儀を執り行う際、墳墓に長い棒を立てて、その間に一六頭の馬の皮を四頭ずつ東西南北に向けて吊るし、死者に飲食させるための酒と肉を備えたりするなど、かなり独特な内容へと変化していた。

様々な民族が入り混じるため、典礼言語としてのシリア語は信仰共同体を統一する上で重要であったが、東シリア教会のキリスト教徒は、必ずしもその意味を理解していたわけではない。主教が何十年に一度訪れては幼児から成人までほとんどの男子を司祭に任命

オロン・スムで発掘された墓碑
シリア文字を用いたトルコ語によって「これは聖職者オーガン（Awgin）の墓である」と刻まれている。

し、男は全員司祭と言って良いほどの状態であった。当然、司祭としての訓練はなされず、カンバリクを訪れたフランシスコ会士のウィリアム・ルブルック（一二二〇？－一二九三？）は、東シリア教会のキリスト教徒が無知で、シリア語について何一つ知らないのにシリア語の聖務日課や聖典類を持ち、高利貸し業を営み、大酒飲み、一夫多妻など他の異教徒よりも始末が悪いと、その様子をかなり辛辣な筆致で記録している。

東シリア教会の衰退

カルピニとルブルックのモンゴル伝道の報告、そしてオングト部出身の東シリア教会聖職者であるバール・サウマ（一二二五？－一二九四）がローマ教皇ニコラウス四世（在位一二八八－一二九二）に謁見した際、モンゴルにキリスト教徒が多数存在することを報告したことにより、教皇は一二八九年にフランシスコ会士ジョバンニ・ダ・モンテコルビノ（一二四七－一三二八）をモンゴルに派遣する。その目的はモンゴルにいる東シリア教会のキリスト教徒をカトリックに改宗させることであった。それゆえ、現地のキリスト教徒との衝突は必至であった。モンテコルビノは一二九四年に大都（現在の北京）に到着して以降、この任務を忠実に遂行し、大都に中国最初のカトリックの教会堂を建築し、その後もオロン・スムにも教会堂を建築するなど、かなり広範囲に伝道活動を行い、東シリア教会の妨害を受けながらも数多くの改宗者を獲得した。ひとえにモンテコルビノの高い能力と高潔な人柄、篤い信仰心によるものだが、彼の伝道活動は孤軍奮闘の様相を呈し、再三宣教師の派遣要請したもののローマの反応は鈍かった。彼はあと二、三人の聖職者がいたら東シリア教会の妨害に対抗することできたと述べているが、その僅かな人数ですら中国に到達することはなかったのである。

このときが元朝におけるカトリック伝道のピークであった。彼の死後、ジョヴァンニ・デ・マリニョーリ（一二九〇－一三五七）が率いる教皇使節は、シルクロードを移動中に西モンゴルがイスラーム化し、中央アジアのキリスト教徒がムスリムに迫害されている様子を目の当たりにしている。さらに一三二〇年代からユーラシア大陸では長期の気象変動による旱魃や飢饉に加え、地震、大洪水などが相次ぎ、さらには黒死病（ペスト）も流行することになった。セミレチェ（南カザフスタン）の墓碑には、一三三八年から翌年にかけての疫病で、キリスト教徒の共同体が壊滅的な打撃を受けたことが刻まれており、中央アジアのキリスト教はイスラーム化の波と、猛威を振るう疫病によって急速に衰退していく。一三六八年にモンゴル元による中国支配が終わると、モンゴル族は漢族によって中国から駆逐され、中央アジアに残っていたキリスト教徒はイスラームやチベット仏教に改宗していった。そして一五世紀の初めに、東シリア教会の本拠地であるペルシャ地域はチムール（在位一三七〇－一四〇五）の西征によって教会や修道院が次々と破壊され、そして最後にはバクダッドの総大主教座も徹底的に破壊された。その後、信徒たちは山間部などに身を隠して信仰を守りづけるが、アジアに繁栄を誇った東シリア教会はここで一旦、歴史の表舞台から姿を消すことになるのであった。

「ネストリオス教会」の名称について

東シリア教会は、長く「ネストリオス教会」という名称で知られてきた。これは四三一年のエフェソス公会議で異端宣告を受けたコンスタンティノポリス大主教ネストリオスの名に由来するが、四四九年に同じエフェソスで開催された会議では「ネストリオス」が軽蔑的な言葉で使われているように、この言葉は「異端者」という意味が内包された蔑称である。ペルシア地域に拠点を構えた東シリア教会は、ネストリオスの師であるモプスエスティアのテオドロスの思想に基づいて教理形成を行い、ネストリオスに対しては教会の父としての栄誉を与えているが、自称として「ネストリオス教会」の名乗ったのではない。

カトリック教会は、その後も「ネストリオス」に関する書籍を見つけ次第、処分しており、一五九九年にはインドのケーララにおいて宗教裁

ケーララ州コッタヤム県クニビランガットにある聖マリア教会

判所がその書籍、公文書、原稿を焼き捨てる判決を下し、一八三〇年にはカトリックの宣教師がモスルの図書館に残されていた数千点の草稿や書籍をティグリス川に投げ込むなど、当時のカトリック教会の異端者に対する厳しい措置は徹底している。

しかしプロテスタント教会は事情が異なり、この異端論争とは直接的な関わりがない。一九世紀になるとアメリカとイギリスのプロテスタント宣教師がイラクやトルコを訪れるようになる。イギリスの宣教師が当地での伝道活動の最中に「ネストリオス教会」の信徒を発見し、その信徒たちが自らを「カルデア教会」や「シリア教会」、「ナザレン教会」などの名称で呼んでいることを報告している。「東シリア教会」という名称は、これらペルシア地域を起源とする同系統の教会を指す便宜的な呼称である。その後、北イラクにおいて遺跡発掘が行われて古代アッシリア帝国の存在が確認されると、その信徒たちは自分たちを古代アッシリアの末裔として意識するようになり、また当時の民族意識の高まりとともに「アッシリア」の名称を使用するようになったのである。

現在の名称は「アッシリア東方教会」（Holy Apostolic and Catholic Assylian Church of the East）であり、インドの同系統の教会の場合は「カルデア・シリア教会」（Chaldean Syriac Church）である。近年ではカトリック教会との対話が進み、キリスト論が基本的に一致しているとの共同宣言を出し、相互の聖体拝領が一定の条件で認められるなど教会一致に向けて大きく前進している。このように「ネストリオス教会」という名称はこれまで自称として用いられておらず、またこの名称が生まれた経緯を考えると、他称として用いることも避けるべきであろう。

（桐藤薫）

第二章　明清時代のカトリック教会

はじめに

一六世紀末に始まるイエズス会の中国伝道は、文化の中心地を自認する中国を前に対話路線の方針を採用し、その担い手としてイエズス会の中でも特に有能な宣教師たちが派遣された。ヨーロッパ科学に精通し、中国の伝統文化に深い理解を持つ彼らの活躍は、教勢を発展させるとともに中国とヨーロッパとの文化的邂逅をもたらし、朝廷も彼らの能力を積極的に活用することになった。その結果、カトリック教会は清朝から正教（公認宗教）の認定を得ることになるが、典礼論争以降、事態は急転して最終的に邪教（非公認宗教）の宣告を受け、禁令と弾圧の時代を迎えることになる。典礼論争において主に問われたのは、「キリスト教の神とはどのような存在か」、そして「宣教師とは何者か」の二点である。本章ではこの二点を中心に、明清期におけるカトリック教会の歴史を概観していく。

一、イエズス会の中国伝道とその特質

異文化適応の伝道

マルティン・ルター（一四八三―一五四六）の宗教改革以降、カトリック教会では内部刷新の

動きが活発となり、しばらく認められていなかった修道会の新設が認められる。その流れのなかで一五四〇年に結成されたのがイエズス会である。イエズス会は創立当初より海外伝道を主な使命としていた。当時はポルトガルとスペインが世界を二分して入植活動を展開しており、アジア方面へ進出していたポルトガル王国がイエズス会の活動を支援した。この時代の伝道活動は実質的にポルトガルの植民地政策の一環であり、ポルトガルが植民地とした地域に宣教師が入り、キリスト教をヨーロッパのあり方そのままで現地の人々に強いる伝道方法であった。現地の人々がカトリック信者になることは、ポルトガル語を話し、ポルトガル文化を受け入れ、ポルトガル王に忠誠を誓うことであり、伝道活動とは要するに現地のポルトガル化であった。

しかし、このような伝道方法は植民地とした地域であればこそ可能であって、ポルトガルの軍事力の及ばない地域である日本や中国では不可能であった。イエズス会の中国伝道は、フランシスコ・ザビエル（一五〇六－一五五六）が東アジアにおける中国の圧倒的な文化的影響力を認識したところに始まる。アジアでの教勢拡大を目指すイエズス会にとって中国は最重要の地域となり、中国がキリスト教国になれば、日本をはじめとする東アジア諸国もキリスト教国になるという伝道計画を立てたのである。当時、中国を支配していたのは明朝であり、王朝創立以来の海禁政策によって外国人の入国を厳しく規制していたが、ポルトガル人は貿易による商益をもたらすため、一五五七年にマカオの居住権を与えられていた。宣教師たちはマカオから中国入国の機会を窺うが、一向に入国が許可されない状況に苛立ちを隠せず、なかには軍事力で事態を打開しようとする強硬な主張をする宣教師も現れ始めた。そのなか、一五七八年にマカオに到着した東インド管区巡察師アレッサンドロ・ヴァリニャーノ（一五三九－一六〇六）は、中国伝道において は軍事力に頼るのではなく、中国の伝統文化を尊重し、対話によって伝道活動を行うといった異文化適応の方針を打ち出した。その担い手としてミケーレ・ルッジエリ（一五四三－一六〇七）とマテオ・リッチ（一五五二－一六一〇）をマカオに呼び寄せ、中国語の習得、そして中国文化の研究を行わせたのである。

西儒リッチ

マカオのポルトガル人は年に二度、広州府において貿易を行う正式な許可を得ており、当地を管轄する総督と定期的に接触する機会を持っていた。これに目をつけた宣教師たちは、ポルトガル人に随伴して総督と面会し、望遠鏡や自鳴鐘などの珍しい贈り物を献上した。総督はこれによって宣教師を厚遇することになり、一旦は入国の許可を得ることができたが、その後、総督の交代が起こって許可が取り消されるなど事態は二転三転し、一五八三年にようやく肇慶（広東省肇慶市）の居住許可を得ることに成功したのである。

このようにポルトガル人の協力によって達成された中国への入国であるが、当時の中国人はポルトガル人を「仏狼機」と呼び、インドや東南アジアを蹂躙した獰猛な侵略者として警戒していた。それゆえポルトガル人との連携は、宣教師も侵略者との疑いをかけられる事態を引き起こしかねないため、入国以降は彼らとの接触を極力避ける方針に転換する。リッチはポルトガル人との関係を疑われることを「伝道活動における最大の障害」と位置づけ、最大限の注意を払ったのである。

肇慶を拠点に伝道活動を始めるにあたって、リッチたちは「西僧」と自称して、仏僧と同じように剃髪して袈裟を着用した。これは日本における禅宗僧侶の社会的な地位の高さと発言力の強さにならった方針だが、中国社会が重視したのは仏教ではなく儒教であった。リッチは一五九四年以降、今度は髪と髭を蓄えて儒服を着用し、儒教経典の研究に励み、「士大夫」と呼ばれる儒教の素養を持つ官僚、および官僚志願者と交流する方針に転換した。

中国は、皇帝（天子）を頂点とする階梯的身分制度によって構築された社会である。皇帝はその徳によって最高神「天」から天命を受け、地上世界の統治を委託された天の代理人「天子」であった。天とは、春夏秋冬といった時間の規則的な循環を支配し、森羅万象を司る崇高な存在である。その人格的側面を重視する場合は「上帝」と呼び、天と上帝は同一存在（天＝上帝）とするのが儒教における伝統的な解釈である。身分制度の上部に位置する士大夫は社会的に大きな影響力を持っているため、士大夫を改宗できれば、彼らより下に位置する者たちの改宗は非常に容易になる。リッチは士大夫を伝道の主な対象とし、最終目標は中国の頂点に君臨する皇帝の改宗であった。皇帝に洗礼を授けることができれば、東アジア諸国のキリスト教国化という使命は完遂できる。そのためリッチは肇慶に留まることなく、皇帝の居城がある北京を目指したのである。

天と天主

伝道活動において特に頭を悩ませたのが、キリスト教の神である「デウス」をどのように漢語に翻訳して士大夫にこの概念を伝えるかであった。ポルトガル植民地での伝道の場合は、現地の人にポルトガル語を教えることはあっても、聖書の言葉を積極的に現地の言葉に翻訳することはなかった。しかし、中国の場合はそうはいかなかった。最初にリッチたちは「天を超える主」という意味を込めて「天主」という訳語を用い、士大夫に対してデウス（天主）が儒教の天を超える存在であることを理解させようとした。一五八四年に出版した最初の教理要綱『天主実録』において実践したところ、士大夫たちは「天主」を文字から判断して、儒教の天や仏教の忉利天、『史記』に登場する土着神の天主といった既知の「天主」を想像し、それに照らし合わせてリッチの天主理解を誤ったものとして批判したのである。「天主」という訳語によって読者に「天を超える主」と理解させるのは、明らかに無理があった。この失敗を踏まえてリッチが次に試みたのが、「上帝」の概念を使用することであった。上帝は道教の神として用いられる例はあるものの、士大夫にとって上帝といえば儒教の最高神であり、「天主」と違って読者が様々な「上帝」で解釈することはない。そこでリッチは「天主は上帝と同一存在」（天主=上帝）とし、「天主」と「上帝」とは、名称こそ異なるものの同じ存在を指し示しているという大胆な主張をしたのである。ただ注意しなければならないのは、西洋と中国では天主（上帝）の理解の仕方が異なると述べている点であり、儒教の伝統的な上帝理解には誤った点があるとして、それを聖書の神観に基づいて修正していく論法を用いたのである。リッチは「上帝」という士大夫の既知の概念に対して新しい意味を加えていくが、その代表的な例が「天と上帝とは別存在である」という主張である。天は、神学的には神の被造物であり、物理的な空間であって神的存在ではない。その理解に基づいて儒教の伝統的解釈である天の崇高さや、「天＝上帝」の考え方を誤ったものとして批判したのである。この論法を用いて執筆されたのが、名著として名高い『天主実義』であった。

士大夫たちは『天主実義』に関心を示したが、それはリッチが外国人でありながら儒教の上帝を崇拝し、儒教の教養を持つ「西儒」であることを、この書籍によって確信したからに過ぎない。儒教思想にこそ普遍性が内包されていると信じて疑わない士大夫にとって、中華より文化水準の劣る外国人であるリッチがそれに批判を加え、新しい意味を加えるなど想像もできないことであった。士大夫たちはリッチの上帝理解こそ儒教の伝統的解釈への理解不足としてまともに取り合わず、逆に士大夫たちによって聖書の神観の方が儒教思想に基づいて修正されるという事態を招いたのであった。

リッチは儒教を学問の一つと位置付けており、儒教に基づく儀礼には宗教的要素は含まれないとして、中国人カトリック教徒が祖先祭祀や孔子祭祀を行い、また王朝の公的な儀礼である天地祭祀に参列することも容認した。通常であれば偶像崇拝として禁止すべきものであるが、これらを容認することでキリスト教と儒教との無用の衝突を避けようとしたのである。この方針によって中国伝道は大きく前進し、リッチは一五九七年に中国布教区の初代布教長に任命される。こうしてリッチの異文化適応の伝道方針が、正式にイエズス会の中国伝道の基準となったのである。

南京におけるカトリック教徒弾圧事件

リッチの伝道活動が順調に前進した背景には、異文化適応の伝道方針に加えて、ポルトガル人との接触を断つ方針が成功したことも挙げられる。しかし、一つだけポルトガル人と定期的に接触しなければならないことがあった。それはマカオから送られてくる活動資金を受け取るためである。中国内地では資金を確保する術がなく、マカオからの送金に全面的に依存せざるを得なかった。送金には中国人商人を介する方法もあったが、間違いなく騙し取られてしまうため、やむを得ずマカオ駐在の宣教師がポルトガル人に資金を預け、彼らが貿易のために広東に訪れた際、内地の宣教師が広東に赴いて彼らから直接受け取っていたのである。確実な送金方法ではあるが、ポルトガル人と定期的に接触する機会を持つことは、かなりのリスクを伴う行為であった。

リッチは一六〇一年に北京に到達して宣武門内に居住の許可を得るが、皇帝を改宗する目的を果たせないまま、一六一〇年に死去した。リッチの約二十七年に渡る伝道活動の結果、洗礼を受けた人数は二五〇〇人ほどであった。決して多い数とは言えないが、これはリッチが慎重に伝道を進めたためであって、少数精鋭で伝道を行っている以上、目立つ振る舞いをして道教界や仏教界といった大規模な宗教集団の反発を買うことはどうしても避けたかった。しかし、南京伝道の責任者であるアルフォンソ・ヴァニョーニ（一五六六－一六四〇）は、リッチとは対照的に教勢の拡大を最優先にした。一六〇二年には五十名ほどであった信者数を毎年百人ペースで増加させ、信者で溢れかえる教会堂を増築し、その屋根には急成長する教勢を誇るかのように巨大な十字架を配置したのである。この慎重さを欠く振る舞いは南京の仏教界を刺激し、仏教界と深いつながりを持つ南京礼部侍郎・沈漼（?－一六二四）が、一六一六年に宣教師と中国人カトリック教徒に対して大規模な弾圧を加えた。この事態に北京の宣教師たちは動揺するが、最も危機感を感じたのは、沈漼が宣教師の資金源に疑問を持ち、王朝に対して調査依頼を行ったことである。調査の結果、それがマカオからの送金であることが判明し、その調査結果に基づいて、沈漼は宣教師が「仏狼機」ではないかと上奏する。万暦帝（在位一五七二－一六二〇）は宣教師たちの潜在的危険性を認め、北京と南京に居住する宣教師たちをマカオへ強制送還する勅命を下したのである。

これはリッチら宣教師たちが伝道初期から最も恐れていた事態であった。たとえどのように異文化適応の伝道を行おうとも、宣教師が侵略者と見なされてしまえば、すべては侵略の手段に置き換えられてしまう。それゆえ、宣教師たちはポルトガル人とは一切関わりがないことを強調し、カトリック教徒の中国人官僚たちも同様の主張をして強制送還を撤回するよう嘆願したが、一度

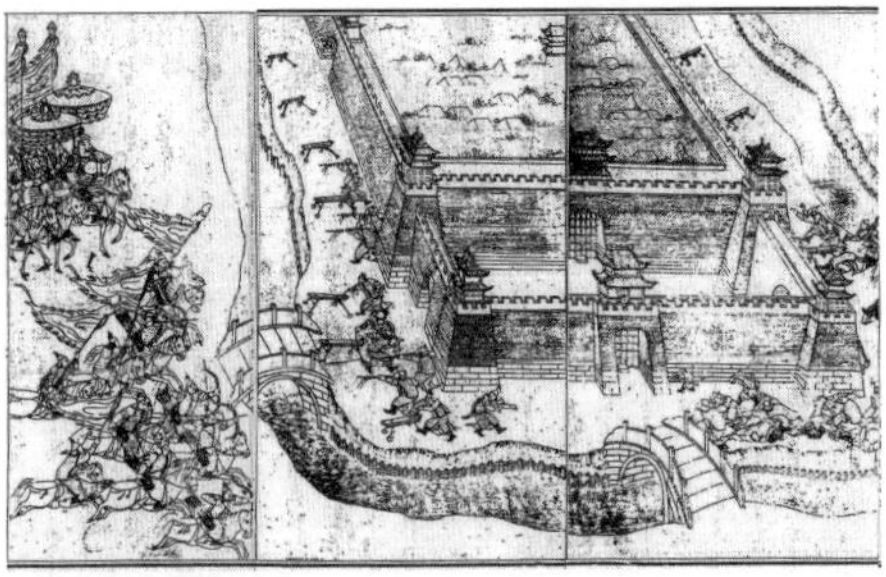

遼寧城の攻防戦
明の城兵がポルトガル砲と小銃をそれぞれ満洲騎兵に照準を合わせている。

下された勅命は簡単に撤回されるものではない。ポルトガル人との繋がりが明らかになった以上、宣教師が侵略者であると認識されるのは、もはや時間の問題であった。ここでカトリック教徒の官僚である徐光啓（一五六二－一六三三）は、思い切った行動に出る。明朝は当時、ヌルハチ（一五五九－一六二六）が率いる満洲族への対策に苦慮し、事態を打開する糸口を見出せないでいた。そこで徐は明軍にポルトガル製の大砲や銃を導入することで事態を打開する作戦を立案し、その技術指導者としてマカオのポルトガル人砲手と宣教師を推薦する。つまり大砲と銃の技術指導や通訳を名目に、宣教師を再入国させようというのである。これまで隠してきたポルトガル人との繋がりを逆に積極的に活用するという、これまでの方針の大転換であった。この徐の立案に朝廷は許可を下し、宣教師はポルトガル人砲手とともに北京に向かい、満洲族との戦いの最前線に投入された。そして満洲族の進撃を食い止める戦果を上げたのである。これより宣教師たちの評価は大きく改善することになり、宣教師たちは再び中国への入国を正式に許可されたのである。しかし、これは宣教師とポルトガル人とが同一集団であることを中国人に強く印象付ける結果を伴い、以後、宣教師を批判する者からは、「宣教師は侵略者である」という論駁に晒されることになるのであった。

二、実学と西欧科学

実学の時代

一六世紀末の明朝は満洲族の勃興や国内治安の乱れに直面し、儒教が説く道徳論では事態を打開できないとして、実践を重んずる実学への志向が高まっていた。その時代に来華したリッチは、西欧科学が士大夫の関心を引く有効な手段であることに、すぐさま気づいた。リッチ自身、コレジオ・ロマーノで学んだ経験を持つ秀才であり、宣教師であるとともに優秀な科学者であった。世界地図「坤輿万国全図」は新しい地理概念を提供したため士大夫たちの知的好奇心を刺激し、ギリシャ・ローマの伝統的な記憶術を記した『西国記法』は、科挙を受験する者たちに大いに歓迎された。リッチの評判が高まったのはこの西欧科学の知識によるところが大きく、北京進出後に徐光啓や李之藻（一五六五－一六三〇）、楊廷筠（一五六二－一六二七）といった傑出した士大夫が洗礼を受けたのも、本音のところはリッチから西欧科学を

マテオ・リッチと徐光啓

学ぶためであった。

徐光啓は、特にユークリッド幾何学に含まれる実証的で演繹的な思考方法に関心を示した。彼の強い要望によってユークリッド幾何学の漢訳が行われ、そして完成したのが『幾何原本』である。士大夫たちが洗礼を受ける動機のほとんどが、この数学を学ぶためであったらしい。本来、西欧科学を学ぶことと洗礼を受けることとは無関係であるが、士大夫たちはキリスト教と西欧科学を区別せずに「宣教師がもたらした教え」として一括りに認識していたのである。士大夫にとっての「天主の教え」とは、キリスト教と西欧科学の複合体であった。

天学と西欧科学

リッチの死後、第二代布教長に就任したニコロ・ロンゴバルディ（一五五九－一六五四）は、かねてよりリッチの異文化適応の伝道方針に疑問を感じており、ヨーロッパでのキリスト教のあり方そのままを中国で行うべきだと主張していた。とりわけデウスの漢訳として「上帝」を用い、儒教の最高神と同一存在とすることに強い違和感を持っており、また中国人カトリック教徒が中国伝統の祖先・孔子祭祀を執り行うことも、偶像崇拝に当たるため禁止すべきだと考えていた。中国伝道を担う宣教師にはロンゴバルディの考え方に賛同する者と、従来のリッチの方針を踏襲しようとする者がおり、一六二七年に意思統一を図るため嘉定で開催された会議において、ロンゴバルディの伝道方針を基準とすることで合意がなされた。デウスの漢訳は「天主」のみとし、「天」と「上帝」との使用を禁止したが、祖先・孔子祭祀についてはリッチ派の意見を汲み入れて容認することにした。そもそもリッチは『天主実義』において、デウスの漢訳として「天」を使用しておらず、むしろ天は物理的な空間であり、「天と上帝とは別存在である」と繰り返し述べていたのであるが、士大夫たちから儒教の伝統的な上帝理解による修正を受けた結果、リッチの主張した「天主＝上帝」に儒教の伝統的解釈である「天＝上帝」が加えられ、「天＝天主」とする理解が定着していたのである。

ロンゴバルディは、デウス（天主）が上帝と同一存在ではないと切り捨てていたが、これが士大夫に対してキリスト教に親近感を持たせる上で有効であることは認めていた。徐光啓もまた「天主が上帝でありえるはずがない」と断言しているが、士大夫に向けて伝道するには同一存在としていた方が何かと都合が良いとロンゴバルディに提案している。士大夫は西欧科学を絶賛する一方でキリスト教には冷淡であり、それは徐も例外ではない。それでも彼が天主と上帝を同一存在として主張するのには、別の動機があった。

中国では伝統的に学問を道・技・術の三つに分類し、道は儒教経典に示された天の道を追究する学問、つまり儒教であり、技は数学や農学、医学といった実学、術は風水や四柱推命などの占いである。当時は道こそが学問の王道であって、それ以外は卑しい学問と見なされていた。それゆえ道の学問を修めるべき士大夫が、技の学問である数学などの実学を学ぶことは士大夫らしからぬ行為であり、後ろめたさを伴ったのである。それでも彼らが数学を学ぼうとしたのは、実証的に、演繹的に物事を証明していく思考方法に魅了されたからである。科挙試験に合格するため暗記中心の勉強方法を教え込まれた彼らにとって、西欧科学はこれまで経験したことのない、新鮮で知的好奇心を刺激される世界であった。そこで徐は、本来は技に分類されるべき西欧科学を「天を知る教え」として道の学問へと昇格させ、士大夫が後ろめたさを感じることなく西欧科学を学ぶことのできるように環境整備をしたのである。宣教師のもたらした「天主の教え」が「天の教え」であると主張するためには、天主は天であり、上帝である必要があった。それゆえ、徐は「天主が上帝でありえるはずがない」との本音を持ちながら、この目的のために「天＝上帝」を主張し続けたのである。こうして完成したのが、朱子学（道学）や陽明学（王学）に代わる実学的要素を取り入れた儒教「天学」であった。

実学派官僚の台頭

満洲族との戦闘において宣教師がポルトガル人砲手とともに華々しい戦果を挙げたのち、カトリック伝道は復活するかに見えたが、万暦帝の次に即位した天啓帝（在位一六二〇－一六二七）は政治を顧みず、宦官である魏忠賢（？－一六二七）が政治を牛耳り、自分に歯向かうものを容赦なく弾圧する恐怖政治を行った。彼は宣教師に敵意を持つ沈㴶を礼部尚書に抜擢してキリスト教に対する明確な対決姿勢を見せたため、徐光啓らは故郷に戻るなどして政権との距離を取り、様子を窺うことになる。天啓帝が崩御して崇禎帝（在位一六二七－一六四四）が即位すると、後ろ盾を失った魏忠賢一党はすぐさま粛清され、崇禎帝は政治改革を行うために徐光啓をはじめとした実学派官僚を数多く登用した。徐は一六二九年に宣武門に新法暦局を開設し、宣教師ヨハン・テレンツ（一五七六－一六三〇）を招いて西欧の天文学書の翻訳に着手させ、テレンツの死後はアダム・シャール（一五九一－一六六六）がその作業を引き継ぎ、一六三五年に『崇禎暦書』として完成する。シャールは一六四三年三月二十日の日食に際して西欧暦法によって正しい予測を算出し、また大砲の鋳造を指揮して満洲族（清）の侵入を食い止めることに貢献した。李之藻は『天主実義』などの漢文教理書と『幾何原本』など西欧科学の漢訳書を集大成した叢書『天学初函』を完成させ、これによって体系化された天学は、実学派官僚の活躍を理論的に下支えした。

この実学派官僚の活躍によって朝廷はキリスト教に対して好意的になり、宮廷では崇禎帝の妃やその皇子、また宦官など五四〇名が洗礼を受けた。王族に受洗者が出たことによって、皇帝の改宗というリッチ以来の悲願が達成できるかと思った矢先、山西省で起こった李自成（一六〇六－一六四五）を中心とする農民反乱軍が北京を占領し、崇禎帝は景山で縊死した。こうして明朝は一六四四年に滅亡したのである。

清軍は長城を越えて中国内地に進軍し、李自成軍を壊滅させた。清軍はさらに南下して明朝の遺民によって構成された南明政権の討伐を行う。南明政権のなかでキリスト教に最も強い関心を示したのは、永暦帝（在位一六四六－一六六二）であった。永暦政権にはカトリック教徒が多く、政権を支えた中心人物である瞿式耜（?－一六五〇）や龐天寿（?－一六六〇）、さらには永暦帝の皇后や皇子までもが受洗しており、民間を含めると信者数は一五万人に達したという。肇慶を拠点とするこの政権にとって最後の頼みの綱は宣教師の協力であった。フランチェスコ・サンビアソ（一五八二－一六四九）の仲介によってマカオから三百名の部隊の救援を受けたり、龐天寿がミカエル・ボイム（一六一二－一六五九）をローマに派遣して教皇とイエズス会総会長宛てに宣教師の派遣要請の書簡を送ったりしている。ボイムは教皇アレクサンデル七世（在位一六五五－一六六七）の返書を携えて中国に戻るが、それが永暦帝のもとに届けられたかどうかは不明である。永暦政権は一六六二年に清軍の猛攻を受けて滅亡し、永暦帝は逃避行の後、雲南で縊死した。

三、清初カトリック教会の発展と衰退

清朝の宗教政策

満洲族は、中国東北地方で狩猟や素朴な農耕を営んで生計を立てていた民族である。満洲族の前身である女真族は一一一五年に金国を建国して東北地方を拠点に繁栄したが、一二三四年にモ

ンゴルに滅ぼされて以降は多くの氏族に分かれ、明朝の時代には王朝からの間接統治を受けていた。そのなかで登場したヌルハチは、氏族を次々に統合して一六一六年に後金国を建国し、これらの氏族を再編成して軍事・政治組織を兼ねた八旗を形成した。ヌルハチの後を継いだホンタイジ（一五九二－一六四三）は、さらに内モンゴル一帯に勢力を拡大して元朝の歴代皇帝に伝えられた玉璽を手中に納めると、支配の正当性を得たとして、満洲族と自らの支配下にあるモンゴル族、漢族に推戴されて帝位に即き、一六三六年に清朝の成立を宣言した。ホンタイジは満州族のハン、モンゴル族のカン（カアン）、漢族の皇帝といった三つの民族の支配者の称号を合わせ持つ存在として、明朝と対峙することになる。

清朝の支配の正当性が元朝の玉璽を継承したところに求められるように、清朝は元朝の後継を自認しており、様々な面でモンゴル的要素を継承している。モンゴルでは宗教を多様な民族を支配する手段として用いていたが、清朝も同様に宗教を支配の手段と見なしている。漢族の支配地域に対しては、天を崇拝する宗教を正教、それ以外の神々の場合は異端、王朝支配に抵抗する宗教であれば邪教と分類した。皇帝は天の代理人「天子」であるため、天を崇拝するならば皇帝を崇拝し、その支配に服従し、その権威を認めることになる。皇帝権力に服従すること、それが正教の認定を得る条件であった。この宗教政策は、聖俗問わず権威と権力の座を皇帝一点に集中させ、皇帝支配を天下のあらゆる領域に貫徹させるところに狙いがある。宣教師は明代に天と天主は同一存在と主張していたため、偶然ではあるが正教の認定条件を満たしていた。一六四五年に摂政王ドルゴン（一六一二－一六五〇）の率いる清軍が北京に入城した際、城に残っていたシャールはドルゴンの命令により『崇禎暦書』に基づいて時憲暦を作成し、この功績によって欽天監監正（天文観測・暦作成などに関わる部所の長官）に就任した。一六五三年に天主堂を改築した際、順治帝（在位一六四三－一六六一）はキリスト教が天を崇拝する宗教であることを証明する「欽崇天道」の扁額を下賜し、正式にキリスト教を正教に認定したのであった。

暦獄

シャールが欽天監監正に就任して以降、天文に関する事柄は西洋暦法によって行われることになり、中国伝統の大統暦法とイスラム暦に基づく回回暦法はその存在意義を失いつつあった。シャールの就任によって罷免された回回科の長である呉明炟（生没年不詳）はシャールへの恨みを募らせ、楊光先（一五九七－一六六七）と結託して時憲暦の誤謬を立証しようと画策した。楊は中国の伝統文化を信奉する保守主義者であり、キリスト教に対して感情的な反発を抱いていた。天文に関する専門知識が乏しいにもかかわらず時憲暦の問題点を様々指摘したが、素人の意見に耳を傾ける朝廷ではなかった。一六六一年に順治帝が崩御し、その後にわずか八歳の康熙帝（在位一六六一－一七二二）が即位すると、康熙帝に代わって四名の保守的な輔政大臣が国政を預かることになった。この新政権に対して楊は再び上奏するが、そのなかで朝廷の注意を引いたのは

南京紫禁山天文台の簡儀

暦に関することではなく、彼が補足的に述べた宣教師侵略者論であった。この保守的な大臣たちが宣教師たちの活躍を快く思っていなかったこともあり、朝廷は宣教師が海外勢力による中国侵略の手先であると宣告し、シャールとカトリック教徒である五名の中国人欽天監を投獄する。シャールは投獄中に衰弱し、順治帝の生母のとりなしによって釈放されたが、その後まもなく死去し、五名の中国人欽天監は処刑された。

ライバルを追い落とした楊光先は欽天監監正に就任するが、そもそも天文学の知識に乏しいため、大統暦による彼の計算は間違いだらけで、監副に登用された呉明烜の回回暦法も楊に比べれば多少ましではあったものの、正確とは言い難い暦であった。王朝の様々な重要儀式は暦に合わせて執行されるため、暦に間違いがあることは決して許されなかった。康熙帝は一六六八年にこれらの暦法とフェルディナント・フェルビースト（一六二三－一六八八）が作成した西洋暦法の正確さを競わせ、西洋暦法の予測は実際とすべて一致した。こうして西洋暦法の正確さが改めて立証され、時憲暦は復活することになった。この一連の出来事は、西洋暦法の正確さを立証したのみならず、西欧科学全般に対する信頼性を揺るがぬものとし、康熙帝は宣教師の優れた能力を高く評価し、一六七一年に「敬天」の扁額を下賜したのである。

カトリック伝道の全盛期

清朝が明の遺民を掃討する際に活躍した漢人武将である呉三桂（一六一二－一六七八）、尚可喜（一六〇四－一六七六）、耿精忠（?－一六八二）は、その功績によって雲南、広東、福建の王にそれぞれ任じられた（三藩）。しかし、この三藩が強勢になると康熙帝は撤廃を決断し、その動きを察知した呉三桂たちは一六七三年、清朝に対して反乱を起こす（三藩の乱）。当初は三藩が優勢であったが、フェルビーストが鋳造を指揮した大砲が形成の逆転に大きく貢献し、反乱軍を次第に追い詰めていった。三藩の乱に辛勝した康熙帝は、次は黒龍江流域へ進出するロシアと衝突した。交戦の一方で外交交渉も行っており、一六八九年にネンチンスクで行われた交渉ではイエズス会のトマス・ペレイラ（一六四五－一七〇八）らが通訳を担当した。清朝側もロシア側も相手の言葉を理解できなかったが、ラテン語と満州語、北京官話に通じる宣教師たちは両者の意思を疎通させ、条約の締結を成功させたのである。康熙帝は宣教師たちへの信任をさらに厚くし、一六九二年に清朝領土内におけるカトリック伝道を公許した。

これ以降、キリスト教の教勢は右肩上がりとなる。士大夫のみならず、庶民の間でも多くの者が洗礼を受けた。カトリック教徒となった士大夫たちは、「主である神を愛すること」と「隣人を自分のように愛すること」をキリスト教の要約とみなし、これを儒教用語で表現した「敬天愛人」を自らの標語として好んで用いた。キリスト教と儒教どちらにも受け取れるこの標語は、カトリック教徒であり、なおかつ儒教官僚であるという彼らの二重性を帯びた性格を良く表している。イエズス会のライバルとなるパリ外国宣教会のジャン・バセ（一六六二－一七〇七）は、四川省で伝道活動を行い、最初の漢訳聖書となる『四史攸編』を編纂し、そこで用いられた「神」や「教会」、「福音」といった訳語は、日本語訳聖書に踏襲されることになる。

この時期の中国人カトリック教徒で注目できることは、女性信者が目立って多いことである。女性たちのほとんどは文字が読めなかったため、マリア像やメダイユ、聖家族を描いた絵画などに関心を持ち、これらを厄除けの御守りと見なして非常に大切にしていた。また賛美歌などの西洋音楽は彼女たちの心を惹きつける大きな効果を発揮した。身分の高い女性は、人前に姿を現さないことが貞節とみなされていたため、その改宗にはまず夫や身辺の世話をする宦官などに接触しなければならなかった。それは容易ではなかったが、もしその女性の改宗に成功すれば、家長である夫を改宗する極めて有効な手段になり得たのである。明朝の崇禎帝や南明政権の永暦帝に対してこの手段を用いたが、皇帝は地上の統治者であるとともに、天子という儒教における最高司祭としての側面を合わせ持つため、皇帝の改宗は儒教原理に基づいた王朝体制の崩壊を意味していた。それゆえ皇后の改宗まではできたとしても、皇帝の改宗は到底できるものではなかったのである。

典礼論争とカトリック伝道の衰退

イエズス会宣教師たちは、デウスの訳語として「天主」を使用しつつ「天」と「上帝」を併用し、中国人カトリック教徒には祖先・孔子祭祀、官僚にはそれに加えて天地祭祀への参列を容認していた。一六三一年以降、ドミニコ会やフランシスコ会、アウグスチノ会、パリ外国宣教会といったカトリック修道会の宣教師が続々と来華すると、これらの修道会は一般庶民に対して祖先・孔子崇拝を偶像崇拝として禁止するなど、中国の伝統文化を顧みることなく、ヨーロッパと同様の伝道を行っていた。ドミニコ会のモラレス（一五九七－一六六四）は、中国伝道をリードするイエズス会を追い落とすため、中国伝統の諸儀式にカトリック教徒が参列することを容認しているイエズス会の方針を強く批判し、またパリ外国宣教会のシャルル・メグロ（一六五二－一七三〇）は福建省での伝道において、デウスの訳語として「天」と「上帝」を使用することを、それらが儒教の最高神と同じ名称であることから禁止すべきだと主張した。そして教皇庁に対してイエズス会の異文化適応の伝道方針を禁止するように訴えたのである。

イエズス会宣教師たちは、ここでデウスの訳語が論争の対象となったことに危機感を感じた。仮にメグロの訴えが教皇庁に受け入れられて「天」と「上帝」の使用が禁止されると、これは訳語のみの問題では済まされなくなる。デウス（天主）が儒教の天であり、上帝であるからこそ中国のカトリック教会は正教の認定を得ていたのである。もしそれが禁止され、それらが別存在になると、この認定を失うことになりかねない。そのため彼らは、このメグロの主張に頑強に抵抗したのである。

しかし、ローマ教皇クレメンス十一世（在位一七〇〇－一七二一）は、一七〇四年に中国人カトリック教徒が祖先・孔子祭祀など中国の諸儀式に参列することを禁止する教令を発し、特使トゥルノン（一六六八－一七一〇）を中国に派遣して教令の周知徹底を計った。ここで康熙帝が典礼論争に介入する。康熙帝は天主を「天」と呼ぶのは、皇帝を「朝廷」と呼ぶことと変わりなく、天地や祖先祭祀などの諸儀式はそれらへの追憶と感謝の心を表明しているだけであるとして、イエズス会の伝道方針を擁護する旨を記し、イエズス会宣教師をローマに派遣して教令の撤廃を求めた。だが、教皇は一七一五年に今度は教皇勅書によって「エクス・イラ・ディエ（その日から）」を発布し、デウスの訳語は「天主」のみとし、教会堂内の「敬天」の扁額を撤去させ、カトリック教徒の中国伝統の諸儀式への参列を禁止することを厳命した。この教皇勅書に康熙帝は激怒した。康熙帝はキリスト教を「和尚や道士らの異端の教え（仏教、道教）と変わらない」と罵倒し、今後このような面倒な事態を引き起こすことがないよう、宣教師を厚遇するこれまでの方針を一転させたのである。天主が天でない以上、清朝の宗教政策上、正教の認定を与える理由はどこにもなかった。こうしてキリスト教は異端宣告を受け、教勢の衰退がここから始まることになる。

四、禁教と邪教宣告

異端の時代

卓越した政治手腕を持っていた康熙帝も、後継者選びは思い通りにいかず、混迷の様相を呈していた。皇位継承権をめぐる争いに最終的に勝利したのは四男であり、彼が五代皇帝雍正帝（在位一七二二－一七三五）である。雍正帝は、宣教師たちやカトリック教徒である皇族の一人スーヌ（一六四八？－一七二五）が皇位継承争いにおいて別の皇子を支持し、また康熙帝が典礼論争で宣教師たちに翻弄される姿を目の当たりにしていたこともあり、キリスト教に対して良い印象を持っていなかった。雍正帝は即位すると福建省を管轄する総督である覚羅満保（一六七三－一七二五）に密命を下し、当地の宣教師や中国人カトリック教徒に弾圧を加えさせた。福建省は明末期からフランシスコ会やドミニコ会が主に伝道をしている地域であり、中国人カトリック教徒に対して祖先祭祀を禁止し、極端な場合は祖先の墓を破壊することすらあり、当局にとっては弾圧を行う口実はいくらでもあった。覚羅満保は天主堂の十字架を撤去して公共施設へと改築し、宣教師を見つけ次第、マカオへ強制送還した。さらに雍正帝はスーヌ一族を極寒の地に追放し、一七二四年には福建省の事例を根拠にして『聖諭広訓』を制定し、民衆が洗礼を受けることを明確に禁止した。実質的な禁教令であり、雍正帝はこのようにキリスト教に対して強硬な姿勢で臨んだのである。

雍正帝が矢継ぎ早に出したこれらの命令は、康熙帝の時代に広まりすぎたキリスト教を一旦引き締め、宣教師やカトリック教徒を王朝の統制下に置くことが目的であった。その目的が達成できさえすれば、徹底した弾圧を行うつもりはなかった。雍正帝の時代にも密かにキリスト教を信仰するものが数多く存在していたが、事実上黙認されており、朝廷では相変わらず宣教師が欽天監として従事し、王朝の重要な祭祀の日程を決めていた。当時の欽天監監正であったイエズス会宣教師ケグレル（一六八〇－一七四六）は、福建省での弾圧が行われた際に、雍正帝に対して「キリスト教は邪教ではありません」と述べて弾圧の即時中止を訴えた。雍正帝は弾圧の中止は命じなかったものの、邪教とは王朝支配に抵抗する宗教のことであってキリスト教はそうではないとの認識を示している。雍正帝の時代は、カトリック教徒が王朝支配に従い、統制可能な範囲に留まっていれば、緩やかな取締りのなかで存続することができたのである。

邪教宣告

雍正帝は内政の人であり、一三年という短い治世のなかで、康熙帝時代に急激に広がった領土に対して徹底した管理統制を行い、無駄を省いて経費節減に努めたため、国庫には莫大な銀が積み上げられた。次の皇帝である乾隆帝（在位一七三五－一七九六）はその莫大な銀を使用して対外遠征を繰り返し、康熙帝時代を凌ぐ空前の規模の領土を領有し、繁栄を謳歌することになった。しかしこの繁栄のなかに、徐々に綻びが見え始めていた。それは国内治安の乱れであり、王朝の繁栄から取り残された者たちが不満を募らせ、白蓮教をはじめとする様々な宗教結社がその不満の受け皿となって台頭し、民衆反乱が頻発していたのである。福建省では再びドミニコ会宣教師が潜伏して伝道を行っており、サンス（一六八〇－一七四七）を含む合計五名の宣教師が、豊富な資金力を背景にこの地で信者を獲得し、雍正帝の時代に弾圧を受けたにもかかわらず、再び二六〇〇人あまりの人々に洗礼を授けていた。この状況に対して福建省を管轄する巡撫である周学健（一六九三－一七四八）は、一七四六年にこの五名の宣教師を捕縛し、彼らを死刑に処す許可を朝廷に求めた。乾隆帝は死刑判決を出すことに躊躇した。儒教の伝統的な皇帝像は、徳を示して外国人（野蛮）を教化するのが中華皇帝としてのあるべき姿であって、外国人に対して法を適用する場合でも国外追放が最高刑であった。しかし周が今度は宣教師侵略者論を持ち出して、宣教師が王朝への侵略を企む存在であることを事細かに記して上奏すると、国内治安の乱れに神経質になっていた乾隆帝は、これが王朝存続に関わる事案と判断した。周の上奏文を裁可して、五名の宣教師を斬首刑に処したのである。皇帝が外国人に斬首を命じるのは異例であるが、事態はこれに留まらなかった。乾隆帝は福建省の事例を根拠として、キリスト教を王朝支配に抵抗する宗教とみなし、全国各地の総督と巡撫に通達を発して宣教師と中国人カトリック教徒の捕縛を命じた。これによって宣教師二名が捕らえられて処刑され、逮捕されたカトリック教徒は莫大な数に上った。この全国規模で行われた弾圧によって、乾隆帝は宣教師が王朝の転覆を企む侵略者であり、死罪に処すべきであることを公に宣言した。清朝の宗教政策に照らし合わせれば、侵略者の宗教、つまり王朝支配に抵抗する宗教は邪教である。こうしてキリスト教は邪教と宣告され、朝廷で奉仕する宣教師は例外的に在廷を許可されたが、それ以外の宣教師は入国を禁止され、潜伏して伝道を行った者も発覚すると死刑に処された。宣教師が侵略者との烙印を押され、発見され次第死刑に処される以上、中国で伝道活動を行うのはもはや不可能であった。こうしてリッチの時代から続いてきたカトリック伝道は、ここで一時中断することになったのである。

ギュツラフと聖書

ギュツラフ（Karl A. Gützlaff, 1803-1851）は、十九世紀前半のアジアのプロテスタント布教に大きな足跡を残したドイツ人宣教師である。一八二七年、オランダ伝道会の宣教師としてインドネシアに赴任した。しかし、やがて中国布教を志すようになり、翌年にはオランダ伝道会を離れ、独立宣教師としてバンコクに移住した。ギュツラフは聖書のタイ語翻訳に取り組んだ最初の宣教師のひとりでもある。

一八三一年五月、ギュツラフは念願の中国沿岸への航海に乗り出した。中国人に扮装し、船医として中国人の商船に同乗して聖書や布教書の配布を敢行したのである。バンコクから潮州、天津、錦州（現遼寧省）まで北上する長旅であった。翌年二月、ギュツラフは今度は通訳兼船医としてイギリス東インド会社の調査船に乗り込み、台湾島を経て山東省まで北上したのち、朝鮮半島、琉球の那覇にも立ち寄った。この航海によって、ギュツラフは朝鮮半島・琉球で布教活動をした最初のプロテスタント宣教師とも言われるようになる。

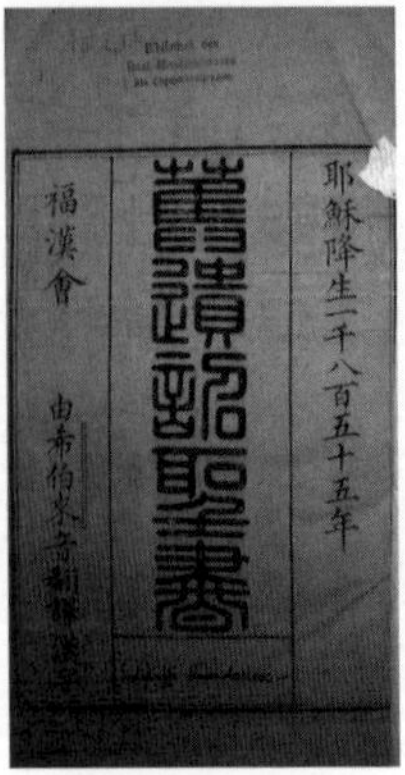

福漢会発行のギュツラフ訳旧約聖書

その後ギュツラフはアヘン貿易に従事するジャーディン・マセソン社の通訳となり、自らの布教活動も兼ねた中国沿岸の航海を続けた。そして一八三四年にはイギリス政府の通訳に任命され、福建省の茶の産地をめぐる船旅にも従事している。またこの頃、メドハーストやブリッジマンとともにモリソン・ミルン訳聖書の最初の改訂作業にも携わった。

一方、やはり同じ頃にギュツラフは、尾張出身の音吉ら日本人漂流民七名をマカオの自宅に引き取り、彼らから日本語を学んだ。彼らの協力を得てギュツラフが翻訳したヨハネによる福音書は日本語訳聖書の端緒となる。一八三七年に彼らを乗せて江戸に向かったモリソン号にもギュツラフは同乗した。しかしモリソン号は江戸幕府の打ち払いに遭い、帰国を果たせなかった漂流民たちは中国で自活してゆくことになった。岩吉と久吉という二人の日本人はギュツラフの助手となり、彼の通訳や宣教師の仕事を補佐してゆくことになる。

香港にあるギュツラフの墓

ギュツラフはその後イギリスの官僚としてアヘン戦争の遂行にも関与し、英軍が占領した舟山島で行政官を務めた時期もあった。香港島がイギリスの植民地になると、彼も官僚のひとりとして香港に定住するようになる。その後のギュツラフが熱心に取り組んだのが中国語聖書の改訂である。他の宣教師たちが新たな改訂版を作ろうとして協力体制を敷いたのとは対照的に、ギュツラフは単独で改訂を進めた。一八四〇年代に十数回もの改訂を重ねたギュツラフ訳聖書は、文語としては不完全であるが平易であり、「聖書の原典の意味をもっとも明快に示している」と評されている。この聖書は第三章で言及する漢会（福漢会）の活動を通して中国各地に配布されたと考えられている。洪秀全がロバーツのもとで読んだ聖書もギュツラフ訳聖書であり、おそらくその影響であろうか、太平天国が刊行した聖書もギュツラフ訳を底本としていた。

（倉田明子）

第三章　十九世紀中期の中国キリスト教

はじめに

本章では中国にプロテスタント・キリスト教が初めて伝わった一八〇七年から一八六〇年前後までのプロテスタント伝道について述べてゆく。十九世紀初頭の中国は、清朝が最盛期を過ぎ、白蓮教の反乱などによって社会の不安定化と統治体制の弱体化が明らかになってきた時代である。その後、本章であつかう約五十年の間に清朝はさらに西欧諸国との直接対決を経て「開国」を余儀なくされ、西洋近代が生み出した条約体制のなかに組み込まれてゆくことになる。このような時代状況の中でプロテスタントがどのように中国に伝えられ、またどのように受けとめられたのかに注目しながら、その歴史をたどってゆくことにしたい。

一、伝来

プロテスタント・キリスト教による中国伝道は、一八〇七年に広州にやってきたロンドン伝道会（London Missionary Society）の宣教師ロバート・モリソン（Robert Morrison, 1782-1834）によって始まった。カトリックも清朝の禁教政策下にあって伝道活動がきわめて低調だった時代である。当時イギリスの対中国貿易を独占していたイギリス東インド会社は、社員以外のイギリス人が広州やマカオに住むことを許していなかった。そのため宣教師であるモリソンが長期的に広州・マカオに居住できる見通しは立たず、一旦は東南アジアのイギリス植民地に移ることも検討された。しかし一八〇九年、東インド会社は通訳としてモリソンを雇い入れることになり、モリソンは同社の職員兼宣教師として中国の地で活動を続けてゆくことになる。一方、その後中国伝道に派遣されたミルン（William Milne, 1785-1822 一八一三年着任）、メドハースト（Walter Henry Medhurst, 1796-1857 一八一七年着任）らは、マラッカやバタヴィア（現ジャカルタ）など東南アジアを拠点として聖書や布教書の印刷、華僑伝道などに携わった。一八二〇年にはミルンが責任を負うマラッカで、英語と中国語の両方で教育を行う英華書院が開設されている。

　モリソンが着任後取り組んでいた聖書の中国語訳は、一八一三年末には新約聖書の翻訳が完成し、その後ミルンの協力も得て旧約聖書も含む全編の翻訳が一八一九年に完成、一八二三年にマラッカで刊行された。その聖書の印刷を手助けした印刷工に梁発（一七八九－一八五五）という人物がいる。梁発は広東省高明県の出身で、一八一〇年頃にモリソンの助手となり、のちにミルンの聖書印刷を助けるためにマラッカに渡った。一八一六年一一月、ミルンから洗礼を受けてキリスト教徒となったが、一八二二年にミルンがマラッカで死去し、梁発は翌年には中国に戻った。その後、間もなく

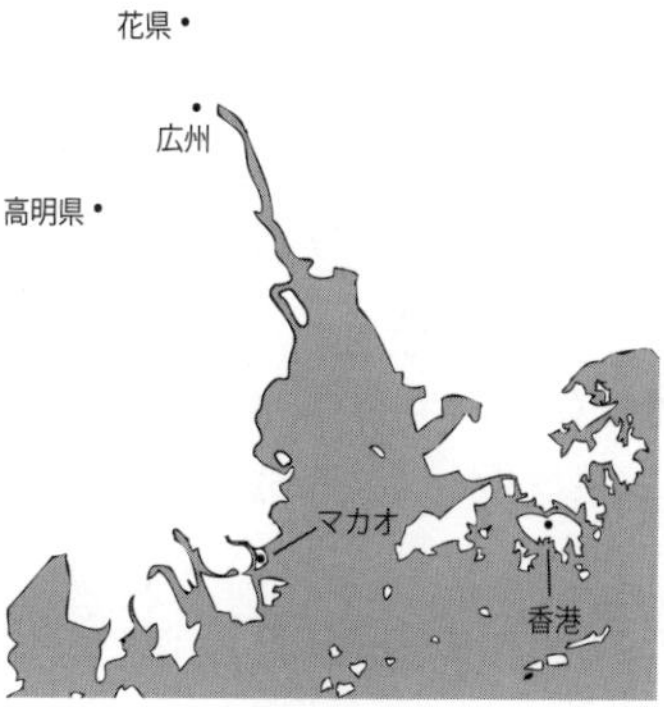

広州近郊地図

モリソンが一時帰国することになった際、モリソンは梁発を伝道師に叙任し、留守中の伝道活動を彼に一任する。この時から梁発はロンドン伝道会から給料を支給される正式な助手となった。

梁発はマラッカ滞在中から、偶像崇拝に明け暮れる故郷の近親者を説得するために布教書を執筆し始めていた。やがて一八三〇年代に入ると、彼はそれらの布教文書を印刷し、高明県の県城や広州府などで行われる科挙試験の試験場で配るようになる。ちょうど一八三〇年にアメリカ人の最初のプロテスタント宣教師としてアメリカン・ボード（American Board of Commissioners for Foreign Missions）のブリッジマン（Elijah C. Bridgman, 1801-1861）がマカオに到着し、翌年には梁発と協力して『聖書日課初学使用』というパンフレットを完成させた。実はこの時期は宣教師たちも文書伝道に積極的に取り組んでいた。バタヴィアにいたメドハーストや自給宣教師ギュツラフらが盛んに中国語で布教書を執筆するようになり、特にギュツラフは一八三一年以降、中国沿岸で布教書の配布に従事し、自らの文書や聖書、また『聖書日課初学使用』などを大量に配布した。ただ、一八三三年以降はアヘンの密輸船に同乗して配布活動を敢行しており、後世批判を浴びることにもなる。

一方、梁発が『聖書日課初学使用』とともに精力的に配布したのが、彼自身が執筆した布教文書九篇をまとめ、一八三二年に刊行した『勧世良言』であった。これはモリソンによる簡単な校閲は経ているものの梁発が独自に執筆したもので、モリソン・ミルン訳聖書を随所に引用しつつキリスト教の教義を解説している。偶像崇拝（特に中国の民間祭祀や民間信仰）を鋭く批判する一方で、儒教的な道徳観に立ちながら悪事を戒め善行を奨励し、また罪を悔い改めなかった者が死後地獄に墜ちることの恐怖なども繰り返し強調している点が特徴的である。梁発は一八三三年から一八三四年にかけて、広州に集まってきた科挙受験者にこれらの書物を大量に配布した。だがおりしも東インド会社に代わって中国貿易を直接管理するようになったイギリス政府と清朝政府の間に緊張状態が生じたこともあり、一八三四年の夏、梁発の布教書配布活動は清朝の取り締まりによって中断させられ、梁発はマラッカへの逃亡を余儀なくされてしまう。

その後、林則徐によるアヘン取り締まり策をめぐって生じた対立を契機に、一八四〇年には英仏と清朝の間でアヘン戦争が勃発した。この戦争の結果結ばれた南京条約によって、清朝は広州、厦門、福州、寧波、上海の五港を欧米との貿易のために開港し、香港島をイギリスに割譲した。それまでマカオや広州、そして東南アジア各地で限定的にしか活動できなかった宣教師たちもこれらの開港場に移住し、新たな伝道活動に踏み出してゆくことになる。

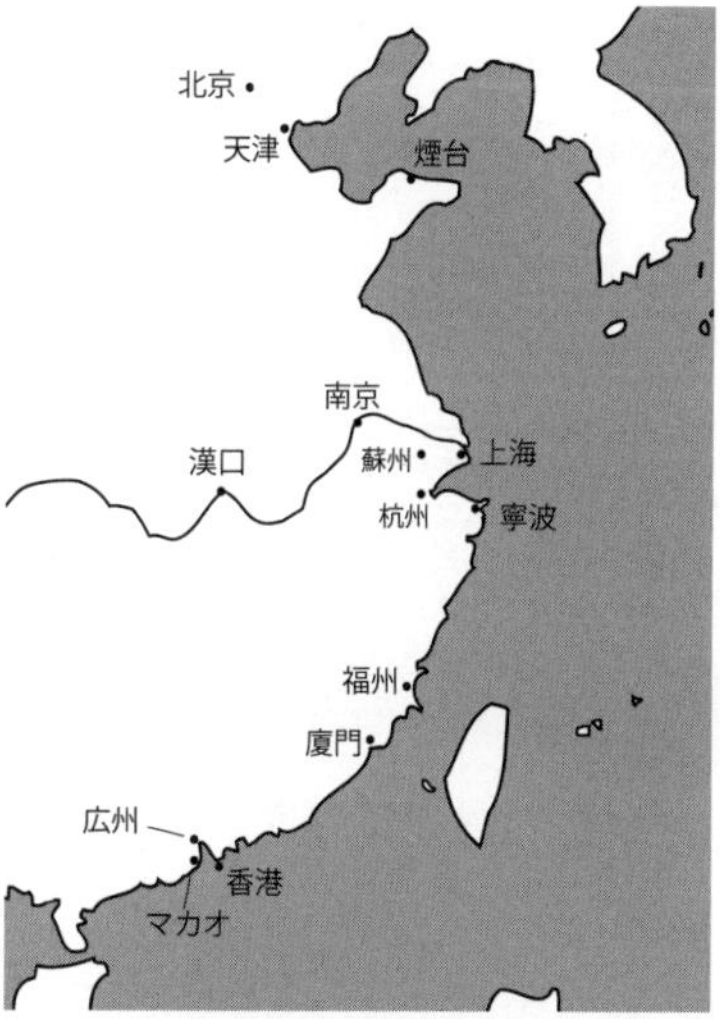

主要開港場と周辺地図

植民地として安全が確保されていた香港に

はアメリカン・ボードやバプテスト・ボード（Baptist Board of Foreign Missions in the United States）、ロンドン伝道会などが一八四二年の後半から一八四三年初めにかけて次々と拠点を置いた。また厦門にはアメリカン・ボードの宣教師がやはり一八四二年のうちに拠点を開き、その後ロンドン伝道会（一八四四年）、イギリス長老教会（Presbyterian Church of England, 1850）も拠点を置いた。上海には一八四三年の年末にロンドン伝道会のメドハーストが拠点を置き、その後アメリカ聖公会（Protestant Episcopal Church of the United States, 1845）や南部バプテスト連盟（Southern Baptist Convention, 1847）も活動を開始する。寧波でも一八四三年にバプテスト・ボードが拠点を開いたのを皮切りにアメリカ北長老教会（Presbyterian Church in the United States of America, North, 1844）、英国教会伝道協会（Church Missionary Society, 1848）が拠点を起き、福州でも一八四七年にアメリカン・ボードとアメリカ・メソジスト監督教会（The Methodist Episcopal Church）が活動を開始した。

　広州はアヘン戦争以前、西洋人との貿易を許された唯一の港であったが、アヘン戦争中に西洋人は全員退去していた。南京条約により広州は改めて開港場となったが、この町に再び宣教師が居住し始めたのは一八四四年のことであった。バプテスト・ボードのロバーツ（Issachar J. Roberts, 1802-1871）がまず香港から広州に活動の場を移し、さらに翌一八四五年には同じくバプテスト・ボードのシュック（Louis Shuck, 1812-1863）、またアメリカン・ボードのブリッジマンも香港の拠点をたたんで広州へと移住してきたほか、ロンドン伝道会も宣教師と梁発を広州に派遣し、新たな拠点の設置を試みた。一八四七年にはアメリカ北長老教会の学校も建てられている。

またカトリックの伝道活動もアヘン戦争の直前のころから再び活発化しており、ローマ教皇庁の布教聖省（Sacred Congregation of Propaganda）は一八三八年から一八四〇年にかけて長城以北やモンゴルなどを含む五つの新しい代牧区（Vicariate Apostolic）を設置、一八四一年にはイギリスが占領したばかりの香港に司教座知牧区（Prefecture Apostolic）を設置した。また、それまでマカオや広州に置いてきた中国伝道に関わる財政管理機関（Procura in China）も香港に移している。アヘン戦争後の一八四四年から一八四六年にかけて、さらに河南や貴州にも代牧区が置かれ、上海ではイエズス会が一八四七年に徐家匯に本部を置いている。

二、太平天国

ところで、『勧世良言』が配布されていた数年の間にちょうど科挙受験のために広州に来てこの書物を受け取った若者のひとりに洪秀全（一八一四－一八六四）という人物がいた。広州郊外に位置する花県の客家の村の出身であった。彼はしばらくの間この書物には目もくれなかったが、一八四三年、書架に放置されていたこの本を目にした知人のすすめで初めてこれを熟読する。そして彼が六年前に熱病の中で見た幻想と『勧世良言』の内容を結びつけつつ、この書物で説かれる天の神、すなわち「上帝」とイエスとを信じる決意をし、自らの手で洗礼を行い、この教えを周囲の人々にも教え始めた。後に清朝を揺るがすことになる太平天国運動の萌芽がここに生まれたのである。宣教師の直接伝道が困難であったアヘン戦争以前の中国において、文書、特に中国人信徒である梁発が書いた文書を通して洪秀全がキリスト教に触れたということは、この時期のキリスト教伝道の特徴をよく表している。

その後洪秀全は友人とともに広西省に布教に出かけ、そこで新たな信徒集団が形成されることで太平天国運動の下地が作られていった。またここで「上帝」やキリストが人に乗り移ってお告げをする「天父天兄下凡」も発生し、彼らの宗教は梁発が伝えたキリスト教とは異なる独自の姿を形成してゆく。しかし、この一連の過程の中でも洪秀全とキリスト教との接点が完全になくなったわけではなく、むしろ彼は一八四七年には広州で宣教師から直接教えを受ける機会を得ている。

先にも述べたように、広州では一八四四年から宣教師の活動が再開されていたが、人々の排外感情も強く、シュックやロンドン伝道会の教会などは数ヶ月で撤収を余儀なくされた。こうした中、敢えて外国人居留地の外に家を借り、積極的な伝道活動を展開していたのがロバーツであった。ロバーツはアメリカ南部の出身で、周囲の牧師らから宣教師としての資質を疑問視されながらも自費で個人宣教師として中国にやってきた。その後バプテスト・ボードに属したが、シュックら他の宣教師とのトラブルも絶えなかった。広州に活動の場を移したのも、ボードではなくギュッラフの支援を受けてのことであった。ギュッラフはアヘン戦争前からイギリス政府の役人を兼任しており、戦後は香港に居住した。そこで「中国人による中国人への伝道」を旨とする「漢会（または福漢会 Chinese Union）」を設立し、中国人伝道者の訓練と派遣を行うようになる。ロバーツや彼の助手たちも漢会の一員となり、広州に新たな伝道拠点を開いたのである。一八四六年にはロバーツとギュッラフは教派に対する意識の違いから協力関係を解消するが、その後もロバーツは信徒たちを訓練し、故郷に派遣して伝道する、という漢会式の伝道スタイルを維持していた。そして一八四七年三月、当時ちょうど広西から故郷に戻ってきていた洪秀全が、このロバーツからキリスト教の教えを受けていた人物との接触をきっかけにロバーツのもとを訪ねることになるのである。

ここで彼は初めて聖書の全篇を読む機会を得た。洪秀全は洗礼を強く望んだが、助手の地位を奪われることを恐れた信徒の妨害に遭い、ロバーツから洗礼を拒否される。その後洪秀全は広西に赴き、そこに形成されていた「上帝教」の信徒集団を率いてやがて清朝に対する反乱へと向かってゆくことになるのであるが、この広西の信徒集団の中にも漢会の会員が少なからず含まれていたと言われる。太平天国運動は「中国人による中国人への伝道」を目指したギュッラフの伝道活動とも深い関わりを持っていたのである。

三、聖書

一方、香港を含む新たな開港場では、各開港場を拠点とした伝道活動が本格化していった。開港場設置後のプロテスタント伝道において特筆すべき出来事の一つは、モリソン・ミルン訳聖書の大改訂である。

一八一〇年代に完成したモリソン・ミルン訳聖書は不的確な訳語や稚拙な表現など多くの問題を残していた。一八三四年にモリソンが亡くなった後、ギュツラフ、ブリッジマンおよびモリソンの息子ジョン・モリソン（John Robert Morrison, 1814-1843）によって新約聖書の最初の改訂作業が始められた。後にメドハーストもこの作業に参加し、最終的にはほとんどメドハーストの手によって完成する。しかし一八三五年に出版されたこの改訂版はなお不備な点も多く、再度の大改訂を必要としていた。そこでアヘン戦争後の一八四三年八月、香港で複数の伝道会の宣教師が集まって最初の編集会議が行われ、開港場ごとに宣教師たちが協力して翻訳を行うことが決められた。そしてそれぞれの地区で翻訳されたものを互いにつきあわせ、完成稿を作ることを目的に一八四七年から上海で最終の編集会議が開かれることになった。この会議で議長を務めたのはメドハーストである。その他チャールズ・ミルン（William Charles Milne, 1815-1863）や広州から来たブリッジマン、厦門から来たストロナック（John Stronach, 1810-1888）、一八四五年から上海で布教活動をしていたアメリカ聖公会のブーン（William J. Boone, 1811-1864）らが参加した。

この時の改訂で重視されたのは中国の知識人階級の閲読にも耐えうる文語体の聖書を完成させることであった。宣教師が開港場に移り住んだ結果、科挙の第一段階合格者である「生員」レベルの中国人知識人を翻訳助手として雇うことができるようになったことで、より洗練された文語体へと向上させていくことが可能になっていた。一方、メンバーたちの間では一八四三年当時からGodやHoly Spiritの訳語をめぐって論争が起きており、最終会議の場でこの論争が再燃する。特にGodについて、訳語を「上帝」とすべきであるというロンドン伝道会を中心とするイギリス人宣教師と、「神」にすべきであるというアメリカ人宣教師とが激しく対立した。いわゆる「用語論争（Term Question）」である。しかしこの対立の決着はつかないまま編集作業が進められ、結局GodやHoly Spiritの箇所を空白にしたままの改訂稿が一八五〇年七月に完成した。さらに引き続いて旧約聖書の改訂が始まったが、Godの訳語をめぐる論争はさらに激化し、会議はついに一八五一年二月に決裂、メドハースト、チャールズ・ミルン、ストロナックは会議を脱退し独自に改訂作業を進めることになる。メドハーストらによる改訂版

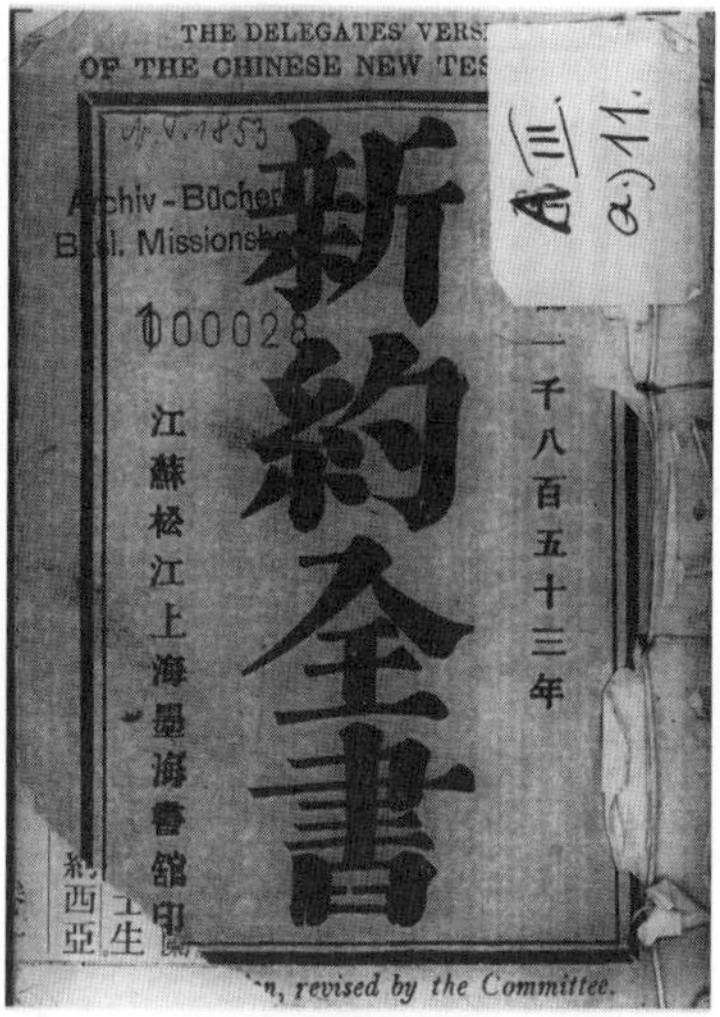

代表訳本新約聖書

の旧約聖書は一八五三年四月に完成し、先の新約聖書とともにイギリスの聖書協会から発行された。これが「代表訳本（Delegates Version）」と呼ばれる聖書で、新約聖書は一八五二年、旧約聖書は一八五五年に第一刷が出版された。一方、ブリッジマンは旧約聖書の編集会議からメンバーに加わったアメリカ長老教会のカルバートソン（Michael Simpson Culbertson, 1819-1862）とともに旧約聖書の改訂と、一八五〇年に改訂が終わった「代表訳本」の新約聖書のさらなる改訂を進め、それらはブリッジマンの死後、アメリカ聖書協会によって一八六三年に上海で出版された。

このように用語論争はイギリスとアメリカの宣教師たちの間に決定的な分裂をもたらしてしまう。その根本的な対立点はつまるところ、中国語の「上帝」がキリスト教のような一神教としてのGodを指すかどうか、という点にあり、古代の中国における「上帝信仰」をどのように理解するかが争点となった。古代中国には旧約聖書の時代に類似した一神教的な信仰があったと認めるロンドン伝道会の宣教師らに対し、ブリッジマンをはじめとするアメリカ人宣教師はそのような信仰はキリスト教以外には決して認められないと考えたのである。これは中国の文化の中にキリスト教側から見て敬意を払うべき要素を持っているかどうか、という問題にも関わる深刻な意見の相違であった。この時決着を見なかった用語論争は、その後も宣教師や中国人信徒たちの間で継続してゆくことになる。

四、開港場

次に、開港場での伝道活動についてもう少し詳しく見ておこう。先に述べた漢会が中国内地への直接伝道に重きを置いていたのに対し、他の伝道会の多くは開港場で医療や教育と併せた伝道活動を行った。特にロンドン伝道会の香港支部と上海支部は、印刷事業も加えた多角的な活動を展開している。

香港支部にはもともとマラッカにあった英華書院が移転しており、神学校と予備学校（初等学校）が開かれたほか、マラッカで使っていた印刷機器も持ち込まれ、印刷所も併設された。マラッカ英華書院で働いていた中国人助手たちの多くも香港に移ってきている。また、一八四七年以降は新たに赴任した医師のもとで医療活動も行われるようになる。一方、上海支部は病院と教会の運営から活動を開始した。上海には福建や広東から商売にやってきた人々も多く、彼らが使う方言もさまざまであった。そのため文書伝道が重視されるようになり、一八四七年には印刷技師のワイリー（Alexander Wylie, 1815-1887）が新式の印刷機を携えて赴任し、彼の管理のもとで大量印刷の時代が始

『遐邇貫珍』表紙

まることになる。また少し遅れて一八五〇年には寄宿制の初等学校も開かれた。この上海支部は、中国語で「墨海書館」と呼ばれるようになる。

英華書院と墨海書館は先に述べた「代表訳本」聖書の発行元ともなり、一八五〇年代におけるプロテスタント系キリスト教書出版の二大拠点となった。聖書以外にも、聖書の注解書や賛美歌、また多くの布教書も発行されている。また英華書院と墨海書館の宣教師が編集に携わり、『遐邇《かじ》貫珍《かんちん》』（英華書院発行、一八五三—五六年）と『六合叢談《りくごうそうだん》』（墨海書館発行、一八五七—五八年）という新聞も発行された。論説部分と中国内外の出来事を報じるニュース欄から構成される冊子形式の月刊紙で、アヘン戦争前にメドハーストやギュツラフらが出版していたキリスト教の教えと西洋の地理や簡単な自然科学知識を紹介する月刊誌の流れも継承している。しかし『遐邇貫珍』、『六合叢談』のほうがニュース部分がより充実しており、前者は中国で最初の民間発行の新聞とされている。一方、論説部分にはキリスト教の教義の解説などのキリスト教関連の記事もあったが、むしろ欧米の政治、地理の紹介や生物学、物理学、医学の紹介など西洋知識を伝える内容の記事が多かったことが特徴的である。これらの記事のほとんどは宣教師が執筆し、それを中国人助手たちが校訂したものである。校訂作業には上海と香港の両方の助手たちが携わっていたが、西洋知識の伝播という意味では、特に墨海書館の王韜（一八二八—一八九七）とその友人たちが重要な役割を果たした。王韜は代表訳本聖書の翻訳作業で中心的な役割を果たした人物で、一八五四年には洗礼も受けている。一般的には近代中国の改革派思想家として有名な人物で、後に香港で『循環日報』を主宰し、変法自強に関する論評を数多く残した。

また、これらの新聞の発行と前後して墨海書館では、西洋数学や自然科学を紹介する書物を李善蘭（一八一〇－一八八二）ら中国人数学者と宣教師が共同で翻訳し、刊行するようになる。数学書では『幾何原本（後半）』（一八五六年）を皮切りに『代数学』『代微積拾級』（一八五九年）が刊行され、さらに物理学を扱う『重学』（一八五六年）、天文学を扱う『談天』（一八五九年）、『植物学』（一八五八年）、医学書の『西医略論』（一八五七年）、『婦嬰新説』、『内科新説』（一八五八年）などが刊行された。一八五〇年代後半の墨海書館は、西洋知識の発信元となり、またそうした新しい知識に興味を持つ中国人知識人たちの交流の場ともなるのである。また『遐邇貫珍』や『六合叢談』、墨海書館で刊行された自然科学書などは日本にも輸入され、幕末の知識人に大きな影響を与えている。

ところで、ちょうどこうした新聞や書物が刊行されていた時期に、英華書院、墨海書館と関わりを持った人物に洪仁玕（一八二二－一八六四）がいる。洪秀全の親戚で、彼の上帝信仰の教えにいち早く帰依したひとりであったが、洪秀全の広西での活動や上帝教の勢力拡大の過程には関わらず、洪秀全らの挙兵後にようやく合流を試みるものの失敗、香港に逃れてそこで正式にキリスト教徒になった。洗礼を受けてから約半年後の一八五四年五月、洪仁玕は宣教師の支援を受け、南京の太平軍に合流するべく上海に向かった。結局南京行きには失敗したが、半年余りを墨海書館で過ごし、聖書の注解書執筆に加わったほか、王韜とともに賛美歌の翻訳にも携わっている。

その後香港に戻り、ロンドン伝道会のレッグ（James Legge, 1815-1897）に雇われ、三年半ほどを英華書院で過ごしている。はじめは宣教師の中国語教師として、その後英華書院の初等学校の教師、また教会の説教師（preacher）として活躍するようになった。教会だけでなく、英華書院内の病院や香港の監獄での伝道活動などにも携わり、その人柄や信仰は宣教師から最大級の賛辞を得た。洪仁玕はこのようなさまざまな伝道活動を通してキリスト教に対する知識を深めていく一方、墨海書館や英華書院の出版物を通してキリスト教以外の西洋知識も積極的に吸収していた。その経験は、彼が香港を離れ、南京の洪秀全のもとに合流してから開花することになる。

五、転機

洪仁玕が南京に向かう決意を固めるきっかけとなり、また中国キリスト教史にとっても大きな転換点となったのが第二次アヘン戦争（一八五六－六〇）であった。この戦争はイギリスが先のアヘン戦争後、意に反して進展を得られなかった外交上、貿易上の不満を再び戦争と条約締結によって解決しようとし、フランスとともに起こしたものである。だが宣教師にとってもキリスト教布教権や内地旅行権の獲得は切実な要望であり、戦争によるこれらの権益拡大には彼らも期待を寄せていた。

広州ではアヘン戦争以来人々の排外感情が強く、広州に拠点を置いた伝道会も教会を長続きさせること自体が難しく、新たな信徒を獲得することにはなおさら苦労を重ねていた。例外的にロンドン伝道会の病院は人々から歓迎されていたようであるが、戦争が始まると外国人居留地一帯が焼き討ちに遭い、撤退を余儀なくされてしまう。その後一八五七年一二月に広州は英仏軍に占領され、戦争終結までその管理下に置かれた。レッグは翌年二月に広州を訪れ、それまで外国人には入城が許されていなかった広州城内に礼拝堂を開く。そこで最初の説教をしたのはレッグとともに広州にやって来た洪仁玕であった。だが、イギリスの政策を全面的に支持していたレッグとは異なり、洪仁玕の胸中は複雑であったようだ。レッグは後にこの広州をめぐる英仏と清朝の戦争が洪仁玕の愛国心を呼び覚ました、と回顧している。手遅れになる前に太平天国に欧米諸国と友好関係を築かせること、そして彼らの宗教的誤りを正すこと、この二つの目的を胸に洪仁玕はこの年の夏、南京に向けて旅立った。

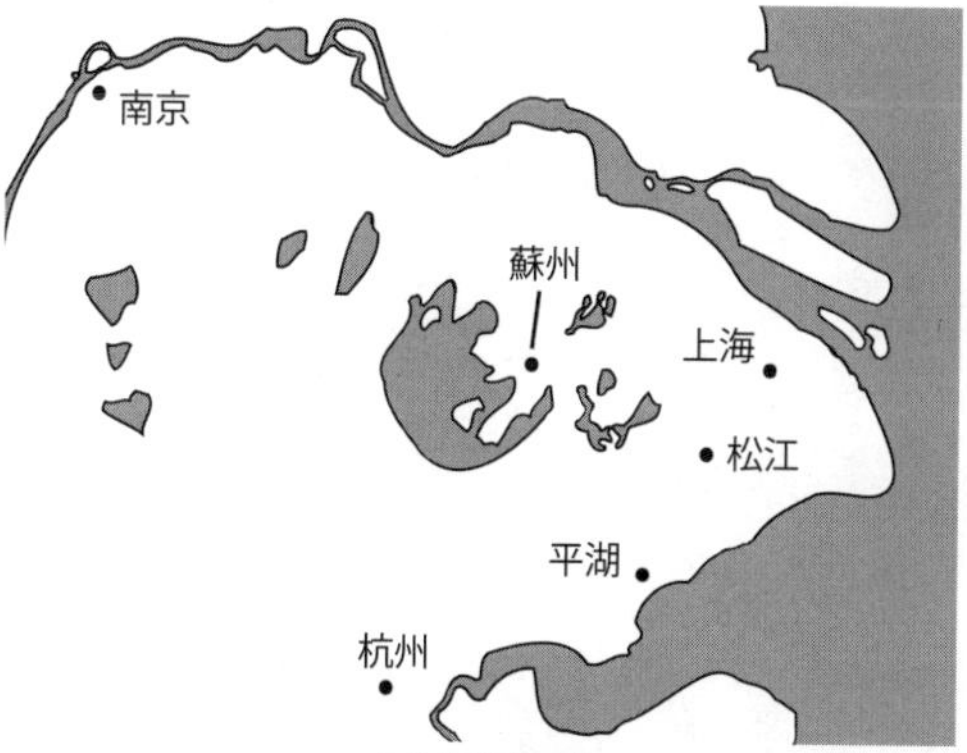

上海近郊地図

広州占領後、英仏軍はさらに北上して天津を攻撃し、一八五八年六月には天津条約を締結した。この条約によって新たな貿易港の開港や外国人の内地旅行権が認められ、またフランスと清朝の条約では地方官の宣教師保護義務と中国人のカトリック入信の自由が認められる。最恵国待遇によりプロテスタント宣教師たちも同様の条件を得られるとされた。しかし天津条約の批准をめぐって清朝と英仏は決裂し、再び戦闘状態となる。これが終結するのは一八六〇年一一月の北京条約締結を待たねばならなかった。しかしこの間、すでに宣教師たちは新たな権益獲得を見越した動きをみせていた。例えば、上海のロンドン伝道会支部ではもともと一八五〇年代の半ばごろから宣教師たちは蘇州や杭州など近郊の都市への伝道活動を敢行していたが、一八五七年あたりからそれがさらに活発化しており、一八五八年には松江や平湖などに家を借り、礼拝堂を開き始めている。上海の教会でも入信者が増加しており、毎年二〇人以上が洗礼を受けるようになっていた。

ところが一八六〇年の春から夏にかけて、まだ清朝との戦争が続いているさなかに、思わぬところからこうした状況を一変させる事態が起きてくる。太平軍が清朝の包囲網を破り、蘇州を陥落させて上海に迫る勢いをみせたのである。江南一体は大混乱に陥り、彼らの上海および近郊での伝道は壊滅的な打撃を受けてしまった。しかしその一方で、太平天国にはすでに合流を遂げた洪仁玕がおり、しかも天王洪秀全に次ぐ宰相の地位に就いていることが明らかになる。宣教師たちは「正統的」キリスト教徒である洪仁玕に多大な期待を寄せ、まがりなりにもキリスト教の影響を受けていた太平天国の支配地域で伝道活動を拡大させるチャンスを求めて積極的に太平天国と接触した。洪秀全のかつての「師」ロバーツなどは、一八六〇年秋から一五ヶ月も南京に居住している。しかし現実には新入りの洪仁玕は周囲の武将との関係も良好とは言い難く、また洪秀全が洪仁玕の提案した宗教上の軌道修正を受け入れることもなかったため、洪仁玕の太平天国内での影響力はきわめて限定的であった。また洪仁玕は、宣教師の目には非キリスト教的と映る上帝教の一部の教義や太平天国の慣習（多妻制）をも受け入れており、やがて宣教師たちは洪仁玕に失望を抱くようになる。他方、北京条約が締結されると、欧米諸国はむしろ彼らに有利な条件を保証する清朝の存続を重視するようになっていった。宣教師にとっても新たな開港場の設置やキリスト教布教権、内地旅行権の獲得は大きな一歩であり、この北京条約を契機として宣教師の活動地域は大幅に拡大してゆくことになる。ロンドン伝道会の上海支部の宣教師たちも一八六一年の春頃までかけて次の開拓地を新たな開港場にするか、それとも太平天国の南京にするかで悩んだが、結局南京をあきらめ、山東省の煙台と長江流域の漢口に新しい拠点を設置することを決めた。太平天国支配下の長江流域での権益をめぐって続いていた英仏と太平天国の交渉も一八六二年の初め頃には決裂し、以後英仏は清朝に協力し太平天国を鎮圧する方向へと舵を切ってゆくことになる。

六、改革

たとえ一時であったにせよ、洪仁玕が宣教師をはじめとする欧米人の注目を浴びた要因の一つに彼が南京合流後に著した『資政新篇』がある。この書物は後期太平天国の政治綱領と目されるものである。宣教師が残した記録から、現存する刊行版よりも前に手書きの草稿があったこと、その草稿の段階では刊行版に見られる政治、経済、社会上の改革方案に加えて、上帝教において は否定されていた「三位一体」や「霊なる神」の概念など正統的キリスト教の教義を盛り込んだ布告や論説などが含まれていたことが分かっている。『資政新篇』は本来、宗教改革を含む太平天国の全面的な改革方案だったのである。だが結局洪秀全は旧来の上帝教の教義についてはほとんど改変を認めず、最終的に『資政新篇』は宗教的な文章を削除し、政治、経済、社会改革の方案として編纂し直されて刊行されることになった。ただ刊行版『資政新篇』にも正統的キリスト教を重んじる視点がなお多く含まれていたほか、具体的な改革方案や欧米各国の紹介の中には洪仁玕が香港や上海で学んださまざまな西洋知識も反映されていた。その内容はただちに上海の英字新聞上に紹介され、遠く欧米本国にも洪仁玕と彼の著書の名前が伝わり、イギリスでは洪仁玕を「孔子以来の偉大な人物」と持ち上げる雑誌まであったのだという。だが先にも述べたとおり、洪仁玕は徐々に太平天国内では孤立し、宣教師ら欧米人からも失望と非難の目にさらされてゆくことになる。『資政新篇』の提言もそのほとんどが実行されることなく太平天国は滅びていった。

太平天国の滅亡後、清朝では洋務運動と呼ばれる近代化運動が起こる。英仏と協力して太平天国を鎮圧する過程で西洋式武器の優位を目の当たりにした清朝の官僚たちによる、軍備の西洋化を中心とした改革の試みであった。実はこの改革の実務を支える人材として洋務派官僚の幕僚に取り立てられた人々のなかには、上海の墨海書館や香港の英華書院で宣教師を通して西洋知識に触れていた知識人も含まれていた。洋務運動のなかで彼らによって改めて西洋の自然科学に関する書物の翻訳も進められ、また一八五〇年代後半に墨海書館で西洋書翻訳に努めていた宣教師たちが一八六〇年代末以降、再び雑誌や新聞を通して西洋知識を紹介する場面も見られた。また香港では一八七〇年代に入ると、西洋式の教育を受けた中国人知識人や王韜らによって新聞が発行され、内外の情報が伝えられると同時に、中国人知識人たちの自前の言論空間も形作られてゆく。つまり一八五〇年代の上海や香港におけるキリスト教を介した西洋知識の伝播と、洋務運動期のそれとの間には強い連続性を見て取ることが可能なのである。

おわりに

以上述べてきたように、十九世紀前半のプロテスタント伝道は、アヘン戦争前は広州・マカオおよび東南アジアのイギリス植民地、アヘン戦争後は開港場、と、中国国内での活動範囲を徐々に拡大しつつも、基本的にはかなり限定された場で展開されてきた。しかしその間に少しずつ信徒も獲得し、梁発や漢会などの中国人信徒による独立性の高い伝道活動も行われ、太平天国という特異な反乱が生じることにもなった。また、中国語版聖書や布教書なども高度な文体をそなえたものが刊行されるようになり、第二次アヘン戦争以後に本格化する中国内地の伝道活動を支える基盤となった。

一方、この時期のプロテスタント伝道を見てゆくと、当時の宣教師たちは単なるキリスト教の伝道者としてだけでなく、西洋知識を中国に紹介する上でも先駆的かつ中心的な役割を果たしてきたことが分かる。これは、当時イギリスに顕著に見られた、自らを世界最高の「文明国」とし、他地域を文明化するという使命感を背景に、多くの宣教師たちが「先進的」なヨーロッパ文明の成果をキリスト教と結びつけて中国に紹介しようとしたことと関係している。結果的に、宣教師が伝えた西洋知識は、信徒となった中国人知識人のみならず、キリスト教とは一線を画した知識人にも積極的に受け入れられ、太平天国のなかで、また太平天国後の洋務運動のなかで近代化への試みを生んだのである。

太平天国とキリスト教

洪秀全が創始した「上帝教」は、キリスト教の深い影響下に誕生した宗教である。

広州の郊外に位置する花県出身の洪秀全は、科挙の試験のためにたびたび広州を訪れていた。ある時試験場のそばでキリスト教の布教書『勧世良言』を受け取るが、その時はこの書物を真剣に読むことはなかった。その後洪秀全は一八三七年にもう一度科挙を受験するも落第、そのショックで熱病にかかり四十日間にわたって幻想を見る。その幻想とは、天上で黒衣の老人から悪魔を全滅するよう命じられ、もうひとりの中年の人物とともに悪魔と戦い、これを全滅させる、というものであった。幻想の中で洪秀全はこの共に戦った中年の人物を「長兄」と呼んでいた。熱病から回復し、幻想から醒めると、洪秀全は再び塾師をしながら科挙の準備をする生活に戻ったが、一八四三年になって洪秀全は改めて『勧世良言』を熟読する。そしてそこに書かれていることがらが六年前に見た幻想とぴったり一致していることを発見した。すなわち黒衣の老人は天の父たる「上帝」すなわち神であり、悪魔との戦いを助けた中年の人物はイエスであると理解したのである。洪

洪秀全像（広州市花都区洪秀全故居）

秀全は『勧世良言』が勧めるとおり偶像崇拝を捨て、天の神とイエスを信じることを決心し、周囲の人々にもこの教えを熱心に広めはじめる。この時洪秀全が得たのは、「天の神のほかに神はな」く、それ以外の「偶像」は全て捨て去るべきこと、そしてそれらを教える『勧世良言』の内容は真実なものである、

太平天国が刊行した聖書

という信仰上の確信と、「たしかにこの書（『勧世良言』）は、余のさきの経験（一八三七年の幻想）の真なることを確証するため、天がことさらに余に与えたもの」であり、「余は神の御前において、神より直接命令を受けた」（ハンバーグ著『洪秀全の幻想』青木富太郎訳、生活社、一九四一年）という彼自身の「受命」に関する確信であった。

その後洪秀全は上帝教に帰依した友人の馮雲山らとともに広西省に布教に出かける。一八四五年には洪秀全は一端故郷に戻るが、馮雲山は広西に残り、桂平県紫荊山で新たな信徒集団を形成してゆく。この間洪秀全はロバーツのもとで聖書を学ぶ機会を得た。一方、馮雲山は広西での信徒集団拡大の過程で当地の民間宗教とも共通する現世利益的な内容を取り入れていた。しかし、上帝教の内容が大きく転換してゆくのは、一八四八年に楊秀清と蕭朝貴による上帝とキリストの「下凡」という現象が発生してからである。当地の民間

信仰である鬼神の霊魂が人間に乗り移って語る「附体」が紫荊山の上帝教徒の間で多発し、その中で上帝が乗り移ったとする楊秀清と、イエスが乗り移ったとする蕭朝貴が主導権を握り、その権威を洪秀全と馮雲山も追認する。これ以降「下凡」による上帝とキリストのお告げが上帝教の教義の確立に大きな影響力を及ぼすようになり、その内容は「正統的」キリスト教とは乖離してゆくことになる。

（倉田明子）

第四章　清末の中国社会とキリスト教

——一八六〇年から一九一一年まで——

はじめに

本章は、アロー戦争（第二次アヘン戦争）が終了した一八六〇年から、清朝を終焉させた辛亥革命までのキリスト教の歴史をプロテスタントを中心に扱う。まずキリスト教そのものの歴史を眺める前に、一八六〇年から一九一一年がどんな時代であったのかを簡単に振り返っておこう。

中国史の時代区分の方法については様々な学説があり、一八六〇年を一つの境目とする考え方に絶対的な正当性があるわけではない。しかし、この年に注目するのは、一八六〇年の天津・北京条約締結が、それまでに経験したことのない外交と内政の大きな変化を中国社会にもたらしたからである。清朝は条約の規定に基づき、首都北京に在外公館の設置を認め、外交をつかさどる部署（総理衙門）を設置し、伝統的華夷秩序を基本とした冊封体制とは全く異なる関係（近代的国際関係）を欧米諸国との間に結ぶことになった。一八六二年に即位した同治帝のもと、清朝を震撼させた太平天国が一八六四年に崩壊し、同国の鎮圧に勲功をあげた官僚たちを中心とする洋務運動も始まり、西洋の軍事技術を導入し対外的にも柔軟な姿勢を打ち出して、清朝体制の立て直しが図られた。

しかし内政改革や民間資本の育成が十分に進まないまま、清国は一八八五年にフランスとの戦争に敗れ、さらに一八九五年には日本との戦争に敗北、これらの敗北は洋務運動の限界を露呈させ、さらなる改革の必要性が主張されるようになった。康有為や梁啓超ら知識人は、表面的な西洋の技術の導入ではなく、国のあり方を根本的に見直す「変法」をとなえ、明治維新を範とする改革運動（変法運動）が光緒帝の主導で本格化する。改革は保守派の激しい巻き返しで挫折したが、一九〇〇年の義和団戦争での敗北によって、清朝は変法運動が提示した改革を進めざるを得ない状況に追い込まれた。

一方、一九世紀末、変法運動の動きと並んで起きていた清朝支配の打倒を目指す革命運動は、義和団戦争以降さらに活発化し、一九一一年、武昌で起きた武装蜂起を機に各地で革命の狼煙が上げられ、ついに二七〇年に及ぶ清朝支配の歴史は幕を閉じた。

一八六〇年以降のこうした大きな変化は当然キリスト教伝道にも及んだ。一八六〇年以前に宣教師が活動できたのはアヘン戦争（一八四〇年～一八四二年）によって開かれた五つの開港場と香港のみで、その先の広大な土地とそこに住む膨大な数の人々は彼らの手にはいまだ届かない存在だった。しかし天津・北京条約に「内地旅行」の権利が明記されることにより、その制限は取り払われた。外国人宣教師が内陸部に入り拠点を設置するという伝道の大前提が整い、中国伝道に大きく弾みがつくことになる。

以下の行論ではまず、この前提条件がどのようにして成立したのかを説明し、その条件のもと展開された一九世紀末から二〇世紀初頭のキリスト教伝道の歴史を、反キリスト教運動・教会形成・キリスト教教育・出版・社会改革といった重要なトピックを取り上げながら論じてゆくことにする。

一、不平等条約

アヘン戦争の末結ばれた南京条約は、上海をはじめ沿岸の五つの港の開放と香港のイギリスへの割譲を定め、さらに一八四四年の対米望厦条約、対仏黄埔条約は、開港場における外国人の宗教活動を認めた。ところがこれらの条約には宣教師が最も熱望していた「中国全土どこにでも行きたい土地に行き、そこに拠点を設け、中国人に直接福音を伝える」自由な伝道活動を保証する条項は含まれておらず、開港場の外に出られるのは「遊歩規定」に定められた範囲内に限られた。この制限が取り払われ、宣教師が条約港の外に自由に出かけていく権利、すなわち内地伝道の権利を獲得するのは、アロー戦争を経た一八六〇年以降である。

一八五六年、アロー号事件をきっかけに起きたアロー戦争には、広西省で起きた宣教師殺害事件を口実にフランスも参戦し、清朝軍は英仏連合軍を相手に戦うことになった。戦争は英仏連合軍の勝利に終わり、一八五八年の天津条約と一八六〇年の北京条約とによって、清朝政府は南京条約体制下よりもさらに不利な条件を飲まされた。しかも条約締結国には戦争の当事国ではないアメリカとロシアも加わった。

天津・北京条約には、清朝との対等な国際関係の構築、外交代表の北京常駐、内陸河川の開放および開港場の増設などが明記されたが、宣教師が最も歓迎したのは内地旅行権、すなわち内地伝道権の規定であった。こうして宣教師たちは条約港の枠を超えて内陸に入り伝道することができるようになった。

キリスト教を広めるためには、伝道の成果が見込まれる土地に長期滞在したり居住したりすることも当然必要である。そのための土地購入、家屋取得の権利は、清仏条約の漢文テキストのみに盛り込まれた。条約の正文（二つの訳文のうち優先されるべき文書）であるフランス語版には記されていなかったので、五年後に改めて協定を結び（ベルテミー協定）、カトリック教会には不動産を取得する権利が認められることになった。しかしこの協定は公的には明文化されず、しかも土地購入については地方当局の事前審査を必要とした。教会の名義で地方当局の同意なしに土地購入ができるようになったのは、一八九五年である。

このような中で、現実の不動産取得は、各々の伝道地の政治・社会状況や宣教師と周囲の人々との人間関係に依存することも多く、事がスムーズに運ばれたわけでは決してなかった。

ここで覚えておきたいのは、キリスト教伝道に必要な条件が、武力によって勝ち取られた不平等な国際条約によって保障されたということである。神の言葉を広く伝えることを使命とする宣教師たちにとっては、この方法以外に自分たちの使命を遂行する道はなかったわけだが、それでもその使命の遂行が、武力を背景としたある種の特権に依存していたことは批判的に吟味しなくてはならないだろう。

同時に、帝国主義列強とキリスト教伝道団体とは常に一枚岩の関係にあったわけではなく、両者の関係は国や教派の違いによって大きく異なっていたことも押さえておきたい。中国進出でイギリスに大きく水をあけられていたフランスは、その遅れを取り戻すべくカトリック布教を積極的に後押しした。他方イギリスの関心は貿易活動にあり、宣教活動には冷淡で、プロテスタント宣教師が内陸部に入ることを歓迎しなかった。キリスト教の内陸伝道は民衆の反西洋人感情を増大させ、貿易に支障が出るというのがその理由である。例えば、一八六八年に江蘇省揚州でイギリス人宣教師に対する襲撃事件が起きると（次節参照）、イギリス国内では早速宣教師引き上げ論が起きたほどであった。

プロテスタント宣教師側には、この不均衡な関係に伝道が依存する状態に疑問を持つ者はほとんどいなかった。彼らが自分たちに与えられた有利な条件を自ら放棄するようになるのは、中華民国成立後の一九二〇年代、ナショナリズムが高揚し不平等条約撤廃運動が中国人自身の中から起きてからのことである。

二、**内地伝道のはじまりと反キリスト教運動**

一八六〇年以前、宣教師数約一〇〇名に対して三五〇名とごく僅かであった中国人キリスト教徒の数は、内地伝道が解禁されてからも飛躍的に伸びたわけではなかった。一八七七年と一八九〇年に開催された宣教師会議の記録によれば、一八七六年の外国人伝道師数四七三名に対し信徒数一三〇三五名、一八八九年には一二九六名に対し三七二八七名である。この十三年間に宣教師一人あたりのキリスト教徒の数はほとんど増えていないことになる。各伝道会が莫大な献金額を投入し、多数の宣教師を派遣し、各地に学校や病院を設立しても、思ったほど伝道が進まないその背景にあった重大な問題のひとつが、内地伝道解禁によって増加の一途をたどった教会が襲撃されるなどの反キリスト教運動（以下、「教案」）とそれを支える広範な反キリスト教感情であった。

いったん事件が発生しそれが地方レベルで処理しきれない場合、問題が領事と地方総督、さらには公使と総理衙門にまで、つまり外交レベルにまで発展し、時には列強が軍艦を配備して清朝政府に軍事的圧力をかける、いわゆる砲艦外交が取られることもあった。これは、キリスト教伝道と帝国主義との結びつきを示す好例となった。

教案の原因は単純ではない。カトリックが禁教処置を受ける以前に所有していた旧財産の返還をめぐる対立や、キリスト教徒と非キリスト教徒とのあいだに起きた訴訟問題（宣教師の訴訟介入）、教会付属の孤児院をめぐる根も葉もない噂、あるいは一八六二年に勅令によって認められたカトリック信者の迎神賽会（中国伝統の祭礼行事）費不払いなど多岐にわたっており、しかもこれらはしばしば複雑に絡み合っていた。さらにその根底には明末以来、儒教知識人が持ち続けてきたキリスト教観があった。それはキリスト教に対する荒唐無稽な中傷や、根拠のない誤解を含んでおり、唯一の神を至高の存在として仰ぐキリスト教を、儒教の伝統的秩序を破壊する「邪教」とみなしていた。こうした明末以降のキリスト教観を引き継ぎつつ、目の前の教会や宣教師、キリスト教徒たちへの攻撃を扇動したのが在地の知識人たちである。彼らは役場に押し掛けて地方官に伝道を許さないよう訴えたり、中傷ビラを作成したりするなどして地域住民の反キリスト教感情を煽りたてた。そしてこの感情の暴発が教会襲撃に結びついたのである。

教案の当事者となるのは、プロテスタントよりも、旧財産問題を抱え裁判にも干渉したカトリックが遥かに多く、それだけにカトリック国フランスは、武力示威の外交手段を用いることを辞さなかった。一八七〇年に起きた天津教案（註）などは、フランスによる砲艦外交の典型的な例ということができよう。

プロテスタント宣教師もまた、砲艦外交の恩恵を蒙ることがあった。一八六八年、中国内地会宣教師ハドソン・テイラー（James Hudson Taylor, 1832-1905）ら一行が江蘇省揚州で襲撃された事件の処理に、イギリス政府は軍艦の配備という手段を行使している。

砲艦外交は、軍事力の示威にとどまるが、教案が戦争の遠因となったり、実際に戦争を引き起こしたりすることもあった。外交案件になっただけでも数百件に上るといわれる中で、一九〇〇年に列強諸国との戦争に発展した最も激しい教案が、義和団による反キリスト教運動である。

軍事力の示威にせよ行使にせよ、そうした状況を生み出す根底には不平等特権がある。この特権を用いて内陸部に入り込む宣教師が危険な目に遭遇すると、本国政府が自国民保護に動き出すわけである。

では、プロテスタント宣教師たちは、外交権力によって自分たちの身の安全を守ってもらうことをどのように考えていたのだろうか。たとえば、あるイギリス人の宣教師はこう述べている。

わたしは、宣教師はできる限り領事とかかわりを持たないほうがいいと思っている。しかし時には、母国の政府が与えるといっている保護をお願いせざるを得ないほど、私たちの命が危険にさらされる場合もあるのだ。

（註）天津教案とは、一八七〇年、河北省天津で起きたカトリック修道女（Daughters of Charity, 愛徳姉妹会）をはじめとする外国人、中国人信徒襲撃事件。この年の四月ごろから天津一帯に「中国人信徒に誘拐させた子どもたちを修道女が殺し、目玉をくりぬき、薬を作っている」というデマが飛び交い、子供たちを多数養っていた修道院に疑いの目が向けられた。六月、伝染病が流行しそれがもとで死亡した子どもの遺体を教会墓地に埋葬するところが目撃され、噂は本当だったと信じた人々が修道院前に多数集まる。それを聞きつけたフランス領事が現場に急行し、居合わせた地方官（知県）に発砲、従者が死亡すると、今度は群衆が領事と秘書に襲い掛かり殺害した。興奮した群衆はさらにフランス領事館、カトリック教会、カトリック孤児院、英米のプロテスタント教会を襲撃し、三十名から四十名の中国人信徒、十九名の外国人が殺害された（フランス領事館員二名、修道女十名、司祭二名含む）。事件の知らせを受けて、仏公使は他の列強の公使とともに清朝政府に軍事示威を伴う圧力をかけ、両者の交渉の末、首謀者十数名を死刑、地方官を流刑、賠償金数十万両の支払い、謝罪使のパリ派遣で決着した。

これがごく一般的な宣教師の感覚であっただろう。病気や不慮の事故だけでなく、民衆の攻撃を受けて命を落とすという危険と隣り合わせの宣教活動を行っていた彼らは、どうして反発が生まれるのだろうかという疑問を、中国人の外国嫌いというレベルで解決することはあっても、自らが置かれた政治的状況を構造的、歴史的に引き付けて解明しようとはしなかった。こうした姿勢は、少なくとも一九二〇年代まで極めて稀であったといえるだろう。

三、教派伝道の本格化

天津・北京条約締結時に開港場に宣教師を派遣していた伝道会は、会衆派を中心とするロンドン伝道会、同じく会衆派を中心とするアメリカン・ボード、アメリカ南北バプテスト、アメリカ聖公会、アメリカ長老教会、イギリス長老教会など決して多くはなく、宣教師の数もようやく一〇〇名に届くか届かないかであった。その四五年後の一九〇五年には合わせて六三の伝道会が中国伝道に携わり、計三五〇〇名の宣教師が伝道活動に従事している。

敬虔主義と福音主義的信仰を共有し、しかも圧倒的少数であった初期の宣教師たちにとって、教派の違いは伝道の重要性よりもはるかに優先順位が低く、開港場では教派を超えた協力が必要とされた。一八六〇年以前はもとより、一八六〇年以後も新たな土地で開拓伝道を行う場合は同様であった。たとえばロンドン伝道会のグリフィス・ジョン（Griffith John, 1831-1912）は、長江の要衝武漢で初めてのプロテスタント宣教師として伝道を開始したが、まもなく他教派であるイギリス・メソジスト教会（English Wesleyan Methodist Missionary Society）に宣教師派遣を要請し、同教会からジョシュア・コックス（Josiah Cox）が派遣されている。

しかし開港場に租界や外国人居住地が確立し、キリスト教伝道の環境が整い、それに伴って伝道会が増加すると、当初は目立たなかった教派色が前面に押し出されてくる。それまで教派の別なく共同で行われていた伝道事業は、各団体の方針に従って個別に行われるようになり、それぞれの団体は開港都市に拠点を設置し、教会や初等教育機関、病院施設等を設立、各教派伝道会は、それらの開港場にまず拠点を置き、そこからさらに内陸に足を進めた。後述するように、教育や出版などいくつかの領域では教派間協力が進められたが、直接伝道に関しては教派ごとに行われ、またたとえ現地の宣教師が他教派との協力を望んだとしても、本国の教会本部の反対にあうケースもあった。

一つの例を挙げよう。一八六二年、厦門では、アメリカ・オランダ改革教会（American Dutch Reformed Church）とイギリス長老教会が、中国人伝道者の協力も得て厦門中会（Classis ないし Presbytery）を設立している。教会制度を共有している両教会の協力は超教派的とは呼べないほどの試みだが、それでもこの他教派との連携に改革教会側は難色を示し、大会の指導に従わない逸脱であるとして現地の宣教師を批判した。改革教会大会事務所の姿勢に対し、同会宣教師のタルメイジ（John van Nest Talmage, 1819-1892）らは、目の前の羊たちを最善の方法で養うべきである、中国では改革教会の宣教師が最初に接触した中国人にイギリス長老教会の宣教師が洗礼を授けることもその反対も当たり前の光景だ、中国人信徒にとって二つの教会の区別などほとんど意味がないと反論し、強い意志と使命感によって中会を設立した。アメリカの教派を移植するのでも、イギリスの教派を持ち込むのでもなく、「中国の教会」を建設した最初の例であり、一八七七年の宣教会議での「教会の土着化と自立」をめぐる議論を先取りした試みでもあった。同中会はその後、漳州中会と泉州中会に分かれ、一八九四年に漳泉大会（the Synod of South Fukien）が成立している。

厦門中会形成のような動きはあったものの、一八六〇年以降しばらくの間キリスト教伝道は教派伝道を基本とした。とはいえ、神学的立場をめぐるリベラル派と保守派の対立が深刻化するのは一九二〇年以降で、海外宣教そのものが敬虔主義的トーンで統一されていた一九世後半においては、教派間に激しい対立が起こっていたわけではない。上海で一八七七年、一八九〇年、一九〇七年と三回開催された宣教会議にすべての伝道会から宣教師が代議員として出席し、その都度中国伝道の課題と使命が共有されたこと自体が、当時の全体の雰囲気を表しているともいえよう。そしてまさにこの宣教会議をとおして、各教派協力のもとにキリスト教事業に取り組む重要性が広く認識されたのである。

教派が協力して行ったキリスト教諸事業とは、具体的には聖書翻訳、教育、出版、そして清末政治改革へのかかわりなどである。これは間接的な伝道であるだけでなく、キリスト教を基盤とする「西洋近代文明」を導入することによって知識人を啓蒙する意図を含んでいた。ただし、宣教師会議に代議員を派遣した伝道会がすべて間接伝道の事業に参画したわけではない。たとえば、中国内地会は超教派の宣教団体でありながら、他の伝道会と協力して教育、出版事業に携わることをよしとはしなかった。しかし繰り返しになるが、総じて一九世紀後半は、伝道方法に関する意見の違いはあったものの、対話や議論が成立しなくなるほどの亀裂は生じていなかった。

それではそのキリスト教諸事業はどのように推し進められていったのだろうか。漢訳聖書の成立については、第三章で述べられているので、ここではそれ以外の活動を簡単に見ておこう。

四、キリスト教教育

中国におけるキリスト教学校が、教会に来る（あるいは教会が引き取る）子どもたちを集めて読み書きを教える塾を出発点とし、そこから中等教育、高等教育機関へと発展したのは日本と同様である。制度上の規定がなかった当初は、宣教師の報告にはcollegeとして報告されていても、その名に見合う教育が行われていたとは限らず、生徒数もごく少数に限られていることも珍しくなかった。実際に教育機関としての体裁を整えるまでにはしばしば長い時間がかかった。

設立当初の形がまちまちであったこともあり、中国で最も早く設立されたキリスト教学校を特定することは難しく、また早期に設立された学校が全て順調に運営され続けたわけでもない。たとえば、一八四五年にはアメリカ長老教会が、後の之江大学（現浙江大学の一部）となる男子学校を杭州に開校しているが、一八六〇年代になると、反キリスト教感情が原因で生徒数が激減し、教会立の学校に通わせたくない親たちを説得するために、授業だけではなく衣食住を提供して生徒たちを引き止めなくてはならなくなった。同校で安定した運営ができるようになるのは一八八〇年代以降である。

上海の聖約翰大学

他方、一八六四年にアメリカ北長老教会宣教師カルヴィン・マティア（Calvin Mateer, 1836-1908）が山東省登州に設置した学校（登州文館）は、マティア自身の確固たる教育思想が土台となって着実な運営が行われた。キリスト教学校＝英語教育という考え方に反対だったマティアは、中国人キリスト者を育てるためには中国語で授業を行うのが当然であるとし、当初からキリスト教倫理だけでなく中国古典を必修とした。さらに五年後の一八六九年には、数学、地理、科学、音楽の授業を加え、同校は三〇名の生徒を擁するようになった。その後登州文館は、イギリス・バプテスト教会が青州に設立した学校と紆余曲折を経て合併し（一九〇二年）、そこから齋魯大学（一九三一年開学）が生まれた。

二〇世紀前半の中国で名門校として知られたキリスト教大学といえば、北京の燕京大学と上海の聖約翰《セント・ジョーンズ》大学であろう。燕京大学は一九二八年に教派を異にする四つのカレッジが連合して成立した大学で、それら四つのカレッジのうち三校の前身は、小さな塾だった。聖約翰大学は、アメリカ聖公会によって一八七九年に最初からカレッジとして設立された例外的な学校で、一九〇五年という早い時期に大学に昇格した。

以上の四つの大学の前身であるキリスト教小規模校は、どれも単独教派の伝道会によって設立されている。そのほかにも、一八七〇年前後以降、南京、蘇州、広州、武漢などの諸都市に各伝道会によってキリスト教学校が開設された。一八八九年の統計によると、プロテスタント系教育機関で学ぶ生徒数は全体で一七〇〇〇名弱であった。単独教派が運営するいくつかの学校は、規模と教育内容を充実させカレッジに昇格したのち、隣接する他教派の学校との連合が模索され、二〇世紀に入ってから各地で次々と超教派の大学（university）が設立されていった（聖約翰大学のように最後まで単独で運営された大学もある）。一九二〇年に単科大学、総合大学合わせて二〇校を数えたキリスト教大学は、二〇年代から三〇年代にかけてキリスト教学校の外国支配からの脱却と中国化が政策として進められる中、さらなる合併を経て、一九三〇年代にはその数は全部で一三校となった。

これらの一三大学は、日中戦争、国共内戦を経て人民共和国成立の一九四九年から翌年にかけて共産党の指導の下順次再編される。さらに朝鮮戦争の影響によってミッションからの送金が停止されると、すべての大学からキリスト教色が失われることになった。

五、出版事業と社会改革

第三章で示されているように、宣教師たちは中国人助手の手を借りながら、かなり早い時期から西洋の事情を紹介し、あわせてキリスト教教義を解説する出版物を発行していた。一八六〇年以降に宣教師が発刊した出版物の中でとくに重要なのは、英文の*The Chinese Recorder*と漢文の『万国公報』である。前者は中国内外のキリスト教関係者向けに一八六七年に発刊された超教派の月刊宣教雑誌で、太平洋戦争が勃発した一九四一年まで刊行が続いた。後者はアメリカ南部メソジスト教会（American Southern Methodist）のヤング・アレン（Young J. Allen, 1836-1907）が『教会新報』として一八六八年に発刊、一八七四年までは純粋にキリスト者向けに編集されていたが、以降編集方針を変更、雑誌名も『万国公報』に改め、非キリスト教知識人を含む幅広い読者層向けに、国際政治、海外事情、国内問題など様々なテーマを扱った。

THE CHINESE RECORDER
AND
MISSIONARY JOURNAL.

VOL. 1. FOOCHOW, MAY, 1868. No. 1.

THOUGHTS ON MISSIONS.

We publish the subjoined paper, believing that it contains many suggestions worthy of earnest consideration; and also in the hope that it may draw out communications from various quarters on some of the topics named. The paragraphs in brackets are by the Secretaries of the American Board of Commissioners for Foreign Missions, and the document is here printed as it was sent out by them to their missionaries:—

[The following paper, read at the monthly meeting of the Secretaries of the English Missionary Societies in London, appeared in the Christian Work for June. It is from the pen of a civilian, H. Carre Tucker, C. B., late Governor General's Agent and Commissioner at Benares, India. The suggestions, if not all of them applicable to American Missionaries, are yet of great value, the result of much careful observation, and are earnestly commended to their favorable consideration. We most fully accord with the remark of the editor of the Christian Work, "that many difficulties which have arisen in recent years as to the continuance and extension of missions have been caused by a neglect of the principles which guided the Apostolic Church in the preparation of agents and the planting of churches." Although there are some points to which we, as Americans, should object, it is but just to the able author to print his paper entire, with a few notes in brackets which will be readily distinguished.]

1. There is a great want of fit agents for foreign work, which requires men of mark to organize and stamp the impress of their own character upon the infant churches. I would not trust entirely to candidates offering themselves. The best men, like Moses, are often the most diffident as to their own qualifications. The choicest young ministers, after a few years' experience of home work, might be sought out by the managers of Missionary Societies, and the question pointedly and affectionately put to them, "Why should not *you* go forth as an evangelist to carry the good tidings of our Lord Jesus Christ into the regions beyond?" Many require, and, I believe, would respond to such an individual invitation as a call from God, who would not otherwise think of putting themselves forward for mission work.

2. It is the low state of home Christianity, in not supplying a sufficient number of educated and tried men, which necessitates missionary training institutions. It ought to be unnecessary for a society to be at the expense of educating young men, chiefly from the lower ranks of society, without any assurance that they will eventually turn out efficient evangelists. Such men are greatly raised in social position by missionary employment, and thus lose the test of sincerity in giving up much for the Lord; whilst theological teaching, without the foundation of a good general education and knowledge of the world, is apt to narrow and puff up the mind. None but tried men ought, if possible, to be sent into the mission field, where every thing, humanly speaking, depends upon the personal character and qualifications of the individual evangelist. I should like to hear some of the Fathers of the Church repeating the language of the Duke of Wellington to Sir Charles Napier, "If *you* don't go out, *I must*."

[A special institution for the training of missionaries is far less fitted to interest all classes of society in the missionary work than our own. Every American missionary leaves behind him a large circle of acquaintances, formed in his college and seminary life, who through him become specially interested in the cause. The accomplished scholars from the leading colleges of the country who have devoted themselves to this work have helped to maintain the proper *esprit du corps* among the missionaries themselves, and a due respect for them in the community.]

3. A few picked men would do the work better than a number of inferior ones. It is *leaders* we now want; men able and willing to employ their native assistants to the best advantage, and imbue them and the infant churches with their own high tone and spirit. I believe that the societies are at present being providentially shut up to a

The Chinese Recorder

こうした定期刊行物のほか、聖書以外のキリスト教関連書と並んで西洋の知の体系を紹介する数々の書物が出版された。これらの書物の出版を数多く引き受けていたのが、アメリカ長老教会が上海に設置したミッション・プレス、美華書館である。その後一八七六年にはグリフィス・ジョンの尽力で武漢にもミッション・プレス、漢口聖教書局が設立され、華中内陸地方におけるキリスト教出版の担い手となった。

万国公報

『万国公報』誌上で健筆をふるった重要な宣教師に、同誌主筆だったヤング・アレンのほか、イギリス・バプテスト教会（English Baptist Missionary Society）のティモシー・リチャード（Timothy Richard, 1845-1919 一八六九年来華）、アメリカ北長老教会が派遣したギルバート・リード（Gilbert Reid, 1857-1927 一八八二年来華）がいる。

中国伝道に身を投じた多くの宣教師同様、リチャードも一八六九年の来華当初は中国人に直接福音を語ることを使命としていたが、一八七六年に華北五省を襲った飢饉が彼の転機となった。一八七七年最も被害が深刻だった山西省に救援活動に駆けつけたリチャードは、民衆たちの惨状と政府の無為無策ぶりに衝撃を受け、飢饉救済という実際的な奉仕にとどまらない社会改革を視野に入れた活動、なかでも知識人への働きかけが必要であると痛感するに至る。彼はイギリスから科学技術書を取り寄せてはそれらを紹介し、地方官吏に会うたびに改革の必要を訴えた。洋務派官僚の中では李鴻章と最も親しく、一八九〇年七月には李の要望に答えて雑誌『時報』の主筆となり、二〇〇以上もの論説を書いて、改革の必要を主張した。

一八八二年に中国に来たリードは、リチャードと同様、あるいはそれ以上に、中国社会の問題を解決するためには知識人の発想を変える必要があると考えた。同時に、彼らのキリスト教に対する激しい反感を前に宣教師側の儒教理解の必要性も重んじたリードは、一八九四年に知識人伝道会（Mission Among the Higher Classes in China）を設立する。この間、従来とは大きく異なるリードの伝道方法は長老教会伝道局の批判を招き、彼は長老教会を去って独立宣教師となった。同会は日清戦争敗北後の一八九七年、「尚賢堂」として清朝政府の公的承認を得た。

一八九五年、日清戦争での敗北に深い危機感を抱いた康有為、梁啓超ら知識人たちが、立憲制の導入をはじめとする政治変革を求める運動を始めた。彼らはアレンやリチャード、リードらが『万国公報』に寄稿した論説から改革のヒントを得ていたといわれる。特に北京在住であったリチャードやリードは変法派知識人と交流し、彼らに少なからぬ影響を与えた。

康有為や梁啓超ら変法派知識人は、キリスト教に敬意を払いつつ信仰者となる気は毛頭なかったが、変法維新運動と同時期に活発化していた清朝打倒を目指す革命派には、より多くのクリスチャンが含まれていた。辛亥革命後臨時大総統に就任した孫文は、香港で洗礼を受けたクリスチャンであったし、映画『宋家の三姉妹』にも描かれていた、孫文の革命運動を財政面で支えていた宋嘉樹（孫文の妻宋慶齢の父）は、牧師の資格を持つキリスト者であった。また、辛亥革命の狼煙が最初に挙がった武昌の革命組織日知会の会長胡蘭亭は、ロンドン伝道会宣教師グリフィス・ジョンから洗礼を受け、のちにアメリカ聖公会から按手を受け司祭となった人物である。キリスト教は改革と刷新の道への跳躍板として、清末の革命運動にも深く関わったのだった。

ただ、キリスト教に敬意を払いつつ、そこから社会改革の着想を得るだけであった知識人はもとより、洗礼を受けてクリスチャンとなり革命運動に馳せ参じた者たちも、キリスト教を、彼ら個々人に魂の救いを与えてくれる教えとしてというよりも、社会を変革し不正義を正すための倫理を提示するものとして受け入れる傾向が強かったように思える。個人の救済よりも社会の救済をより重視する彼らの立場は、アレン、リチャード、リードらの伝道方針の帰結であったともいえるだろう。

リチャードやリードが助言を与えた変法運動は、一八九八年の光緒帝による戊戌維新に結実するものの、西太后以下保守派の弾圧によりわずか百日で挫折してしまう（百日維新）。しかし変法運動が提示した様々な改革案は、清国の義和団戦争における敗北後、清朝政府自身が着手した（せざるを得なくなった）社会改革で復活した。

義和団はカトリック教会だけでなくプロテスタント教会も襲撃の対象としたために、華北の教会は、建物や施設の破壊、キリスト教徒殺害等、甚大な被害を蒙った。約三万人とされる中国人犠牲者のほとんどはカトリック教徒だったが、聖職者が大多数を占める外国人犠牲者約二五〇人はカトリックよりもプロテスタントが多く、一九〇名ほどのプロテスタント宣教師とその家族が犠牲となった。そのうち三分の一は、中国最大の伝道会である中国内地会関係者であった。一方で義和団戦争以後キリスト教の伝道は飛躍的に伸び始め、一九〇〇年に約一〇万人だったキリスト教徒（プロテスタント）の数は、一九一五年には二七万人に達した。この数は一九二〇年代に反キリスト教運動の大きな揺り戻しが起きるまでは、五〇万に迫る勢いで順調に伸び続けた。

おわりに　自立教会の形成へ

伝道地に建てられた教会の運営を現地人に任せていくこと、すなわち現地人が自ら治め（自治）、経済的基盤を確立し（自養）、自ら伝道する（自伝）するという「三自」の方針は、今や中国共産党公認の三自愛国教会（第八章参照）の代名詞のようになっているが、もともとは英国教会伝道協会（Church Missionary Society）海外伝道局の秘書を務めていたヴェーン（Henry Venn, 1796-1873）が一九世紀の半ばに提唱し、その後一部の在華宣教師も適応を試みようとしたものである。

先に述べたように、一八六二年の厦門中会の形成は中国における自立教会の出発点となった。また一八六五年にはアメリカ北長老教会によって山東省に中会が設立されている。自立教会の建

1923年、ヤング・アレンを記念して建てられた教会、景林堂。かつて日本租界もあった上海虹口地区に位置し、現在は公認教会として礼拝を守っている。

設は、長老系の伝道会が他教派に先んじたが、会衆派のロンドン伝道会が一八六八年に厦門に自立教会連合を設立した例や、英国教会伝道協会が一八七六年に浙江省と江蘇省にまたがる教区を設立し中国人信徒にその運営を任せた例など、長老系以外の教派も比較的早い時期から自立教会建設に努めはじめていた。

これらの動きを背景として、一八七七年の宣教師会議では、自立教会形成の重要性が宣教師社会全体の課題として取り上げられた。広東省東部で福建省寄りの汕頭では、一八七四年に同地に入ったイギリス長老教会宣教師ギブソン（John Campbell Gibson, 1849-1919）の働きによって一八八一年に汕頭中会が形成されている。

こうして「外国人伝道からの自立」は、一九世紀の終わりにはもはや無視することのできない流れとなっていったが、それでも一九世紀の中国におけるキリスト教伝道の基調である「外国人の主導による中国人伝道」という大枠を取り払うまでには至らなかった。こうした伝道の大枠は、

native church、すなわち「中国の教会」重視を明確に打ち出した一九〇七年の宣教師会議、さらにその路線を世界的潮流として決定づけた一九一〇年のエディンバラ世界宣教会議を背景に、根本的な変化をとげることになる。

ハドソン・テイラーと中国内地会

キリスト教伝道と社会改革と結びつけたティモシー・リチャードらの方法は、政治的・社会的に無視できない意味を持ったが、一九世紀における中国伝道の主流とはならず、大多数の宣教師たちは、日々の福音伝道に心血を注いでいた。中でも中国最大の伝道会となった中国内地会（China Inland Mission）はリチャードらとは対照的な姿勢を堅持した。政治・社会へのインパクトは小さかったものの、福音伝道という点では最大の足跡を残したこの中国内地会とは、どのような伝道会だったのだろうか。

ハドソン・テイラー

日本伝道が教派ごとに始まったのとは異なり、中国では超教派の伝道団体が最も早い時期から活動していた。最初の宣教師モリソンを派遣して文字通り中国プロテスタント伝道の礎を築いたロンドン伝道会は会衆派をベースとする超教派の伝道会だった。しかしそれ以上に「超教派」であることを会の方針に掲げた伝道会として知られるのは、イギリス人宣教師ハドソン・テイラーが創設した中国内地会である。

宣教師カール・ギュツラフから多大な霊的感化を受けていたテイラーは、一八五四年に初めて中国の土を踏み、上海、寧波などで伝道活動を行ったが、健康を害していったん帰国、一八六五年にロンドンで中国内地会を結成し、翌年二二名の仲間とともに中国での伝道活動に着手した。

教会に設立された海外伝道局や伝道会本部が所属宣教師を世界各地の伝道地に派遣し、宣教師の給与を含め必要な経費を本部が負担するというのが当時からの一般的な伝道方法である。しかし内地会はこの方法をとらなかった。内地会本部は上海に置かれ、経費はすべて必要なときに神が与えてくださるものと信じ、宣教師に給与は支払われなかった。特定の教派とのかかわりも持たず、内地会で宣教師と認められた人々のほとんどが神学教育を受けていない信仰篤き一般信徒たちだった。彼らの関心は「キリストによる中国人の魂の救い」で占められていたから、その帰結として、キリスト教主義高等教育を通してキリスト教徒の知識人を育成することや、儒教文化とキリスト教文化との対話による知識人層へのアプローチからは距離を取っていた。租界に形成された外国人コミュニティとの関係を重んじ、西洋の生活様式を守る他の多くの宣教師とは異なり、彼らは中国人と同じ服を着用し同じ食べ物を食べる方針を貫いた。その姿勢は、中国文化に対する興味や関心から生まれたものではなく、あくまでも信仰的判断に基づいていた。

テイラーは彼が最も尊敬したギュッツラフと同じように、しばしば欧州に戻っては中国伝道の必要性を説いて回った。彼の講演を聞いた若者たちの中から中国伝道を志す者が現れ、その数は一八八八年に三二二名、義和団による犠牲を乗り越えたテイラーが長沙で死去した一九〇五年には八二五名、中国在住の全宣教師の四分の一ほどを占めるに至った。

こうして内地会は、その名の通り中国の隅々にまで宣教師を派遣し、中国最大の伝道団体に成長してゆく。沿岸地域や開港場からはるかに遠い内陸部、とりわけ少数民族の地域における内地会の影響力は大きく、彼らが残した伝道の遺産は、人民革命を経て文化大革命でピークに達するキリスト教弾圧の歴史を潜り抜け、今日まで受け継がれている。

（渡辺祐子）

第五章

中華民国の社会とキリスト教
——一九一二年から一九四九年まで——

はじめに

本章では、中華民国の時代における中国社会の変容とプロテスタントを中心としたキリスト教の動向を、中国YWCAを事例として検討してゆく。その際、特に国際主義とナショナリズムの問題に焦点を当ててみたい。というのは後述するように、本来外来の宗教であるキリスト教が中国においてどのように受容されどう変容していったのかということは、中国のキリスト教とその意味を考えるうえで、大変重要なテーマであるからである。そしてそこには国際主義とナショナリズムの葛藤、相克、あるいは両立といった複雑な問題が常に存在していたことが見てとれるのである。

この小論では、まず中華民国という時代を概観し、中国社会が激変を経験したその四〇年近い時間の中で、キリスト教もまたどのように発展、変容していったのかということについて見てゆく。そして中国YWCAにおける国際主義とナショナリズムの問題のとらえ方をおさえた上で、九・一八事変（満洲事変）をめぐる日本観の特色を検討し、さらに日中戦争下の活動についても考察してみたい。

一、中華民国期のキリスト教

歴史的背景

一九一一年一〇月一〇日の武昌蜂起に端を発した辛亥革命は、王朝体制の清朝による支配を崩壊へと導き、翌年にはアジアで最初の共和制国家、中華民国が成立した（以下の記述は、久保亨他『現代中国の歴史――両岸三地一〇〇年のあゆみ』東京大学出版会、二〇〇八年、小島晋治・丸山松幸『中国近現代史』岩波新書、一九八六年、を参照）。けれども脆弱な革命派の体制は袁世凱（一八五九－一九一六）の専制を許すこととなり、民国の実態はその名とは程遠いものとなっていった。しかし、その重苦しい雰囲気を打破すべく、民主と科学を提唱し儒教批判を主眼とした新文化運動が始まった。さらに第一次世界大戦後のヴェルサイユ講和会議後の一九一九年に、日本の中国山東省支配に反対する北京の学生たちによって五・四運動が勃発し、それは全国的な反帝国主義・反封建主義の運動へと発展していった。

全国に割拠する軍閥を打倒し真の独立と統一をめざして、一九二四年には孫文が率いる国民党と二一年に結成された共産党による第一次国共合作が成立し、国民革命が開始された。翌年の孫文の死後、国民革命軍は北伐を開始して各地の軍閥や封建勢力を次々に打倒していった。こうして国民革命は順調に進展していたかに見えたものの、二七年の蔣介石（一八八七－一九七五）による反共クーデタにより国共合作は崩壊した。二八年に蔣介石は南京国民政府を樹立して、「全国統一」を成し遂げるが、一方の国民党と袂を分かった共産党は、山間部の辺地でソヴィエト革命に着手し、自身の革命の道を求めていったのだった。

南京国民政府のもとでは近代国家建設がめざされて、不平等条約撤廃交渉、幣制改革、新生活運動により独立と統一を確固とすることが試みられ、道路・水利建設等によって都市部を中心とした工業・商業の発展がもたらされた。しかし一九三一年の九・一八事変（満洲事変）を機に、日本の中国への軍事侵略が開始され、翌年三月一日には「満洲国」が建設された。こうして中国は国家の危機的状況を迎えたが、国民党は共産党地区への攻撃を日本への抵抗より優先させて、共産党根拠地に対して何度も攻撃をしかけた結果、共産党は新たな根拠地を求めて長征を開始し、最終的には陝西省の延安に新たな革命根拠地を建設したのである。

その後日本はさらに軍事的野心を増してその矛先を華北地方へと向けるが、九・一八事変の勃発は中国民衆の抗日救国運動の大きなうねりを促すこととなり、一九三五年には北京の学生たちが中心となって、日本の華北分離工作に反対する一二・九運動が展開された。こうした一般民衆の行動は、同年の共産党の内戦停止を謳った八・一宣言を既に促す力となっていた。そして、三六年末の西安事件を経て、内戦停止・一致抗日の機運は大きく前進するのだった。

一九三七年七月七日の盧溝橋事件を契機として、八年にわたる日中全面戦争が始まった。日本との全面対決に臨んで、国民党と共産党は一〇年に及んだ内戦を停止して第二次国共合作を成立させ、両党を核に広範な民衆も参加して抗日民族統一戦線が結成された。戦争は当初日本が破竹の勢いで進攻していったが、やがて戦線は膠着してゆき、その過程で戦場となった中国の民衆は甚大な犠牲を払いながら忍耐強く抗戦を続けていった。やがて四一年一二月八日のアジア太平洋戦争の勃発により、事態は新たな局面を迎えて、中国は連合国の一員としてアメリカの支援も受けながら攻勢へと転じた。そして四五年八月一五日の、日本の無条件降伏を迎えることとなる。

こうして中国は長く苦しい戦いの末に勝利を獲得するのであるが、それはあまりに多大な犠牲を払っての勝利であった。しかも日本という共通の強大な敵が消失した後に、国民党と共産党との間の矛盾は深刻化してゆき、遂に一九四六年七月には全面的な内戦が始まった。内戦は当初国民党が圧倒的な勢いで進攻していったが、やがて土地改革の実施等により農民をはじめとする民衆の支持の獲得に成功した共産党が、四七年半ばから反攻を開始した。そして四八年秋から冬にかけて展開された「三大戦役」を経て、共産党は軍事的勝利をおさめ、四九年一〇月一日、社会主義国家である中華人民共和国の建国を世界に向けて宣言するのであった。

キリスト教の動向

中華民国という四〇年足らずの時間の中で、中国は共和制国家の成立、国民革命、国共内戦、日中戦争、そして再びの内戦を経ての社会主義国家の誕生という激動の歴史を経験した。この激変する政治・社会環境は、当然ながら中国のキリスト教へも大きな影響を及ぼしたのだった。以下、中華民国期のキリスト教の発展と変容について、その概観を見ていきたい（以下、主に山本澄子『中国キリスト教史研究　増補改訂版』山川出版社、二〇〇六年を参照した）。

（1）自立・合同の試み

モリソンによるプロテスタント伝道から百年を経た清末の一九〇七年に、中国には五〇余りの伝道会があったが、当時既にその中から教派の別を超えて相互協力して連合・合同へと向かう動きが生まれていた。一方、欧米でも類似の運動が進んでいて、一九一〇年のエディンバラ世界宣教会議で、各国に諸教派協力の為の機関を作ることが決議された。そして一九一三年に上海で第四回基督教全国大会が開かれ、辛亥革命後の民族自立意識に鑑みて、中国における教会の連合・協力の重要性が再認識され、「中華続行委辦会」が作られた。また超教派のプロテスタントの全国的な組織作りと、「中国の教会」建設も決議された。

ヤング・アレン
清末に上海で活動した著名なアメリカ人宣教師。宋美齢の父親の宋嘉樹は、アレンのもとで宣教活動を行なっていた。

　一九一〇年代になると中国人キリスト教指導者の成長が顕著となり、信徒数も急増して教会は発展の時代を迎える。そして中国人教会は外国ミッションの支配・保護から離れて自立し、自主的に伝道活動の開始を試みるようになった。この自主独立の動きには二種類あり、一つは個々の教会が独立し、従来の欧米教派団体とは無関係に各々独自の構想をもって伝道するタイプ（個別型）で、もう一つが中国のプロテスタント全体を大きな一つの教会と考えて、それの自主独立をはかるタイプ（合同型）である。

こうして第四章の最後にも述べられている清末からの教会自立への動きは、各地、各教会で活発化していった。新文化運動を経験した一九一〇年代後半以降、西洋伝来のキリスト教をそのまま受容することへの批判の高まり、第一次世界大戦勃発による欧米の母教会からの送金の不安定化といった事態も、こうした状況を進行させる背景となった。

(2) 中国化運動

一九二二年五月、上海で第五回基督教全国大会が開かれ、すべての教会が協力してひとつとなることのできる機関を組織することの重要性が再認識され、諸教会連合機関として最初の全国的組織をもつ「中華全国基督教協進会」が成立した。この協進会の機能として、年鑑・会報の出版、農村伝道、「本色教会」（外国の保護・支配から離れて自立し、中国固有の性格を備えた「中国教会」）の育成、現実の大きな社会問題・道徳問題・国際問題等に対して、キリスト教徒としての意見と立場を表明すること等が挙げられていた。

また、前述した合同型の中国教会自立運動は、二〇世紀初頭に既に試みられていた長老教会の合同運動が広範囲のプロテスタント教会の合同へと進展し、ロンドン伝道会とアメリカン・ボー

五・四運動でデモ行進中の女子学生たち

ド も加わって一九二七年に全国組織の「中華基督教会」の正式な発足へと結実した。すべての教派を含む「一つの教会」を理想として作られた合同教会である中華基督教会は、自治・自養・自伝を唱えて、中国人を主体とし、外国ミッションから独立して「中国の教会」を強く打ち出したものであった。

そして一九二〇年代には、第四章でも取り上げられた出版事業が新たな展開を示した。特に「本色教会」運動を進展させた集団に「生命社」と「文社」がある。「生命社」は月刊誌『生命』を刊行したが、科学主義とナショナリズムの台頭という時代状況の中で、キリスト教会の革新、中国化、科学的研究、自主独立、超教派主義、世界主義という観点に立って、中国におけるキリスト教の土着化を試みていたことがうかがえる。「文社」は『文社月刊』を刊行して、「本色教会」の構築を探ろうとしていた。すなわち中国文化の優れた点を取り出し、キリスト教文化を批判的に受容し、キリスト教文化と中国固有の文化とを密着させるということが主張されていたのであった。

こうした教会の中国化運動が進展してゆく一方で、新文化運動、五・四運動を経て、伝統思想への批判、国家・民族の統一・独立の意識が高揚し、その中で国民革命は進行していったのだが、一九二二年から二七年まで学生を中心に反キリスト教運動もまた活発に展開されていった。その背景として、科学と民主主義を提唱した新文化運動の展開と、教育を宗教から切り離し、教育権を宣教師の手から中国人に取り戻そうという教育権回収運動を核とするナショナリズムを指摘することができる。とりわけ一九二五年に起こった五・三〇運動を機としてナショナリズムがさらに高揚すると、反キリスト教と反帝国主義が重ね合わせて叫ばれることとなったのである。さらに共産主義思想の浸透も、キリスト教批判へとつながっていったのであった。

この反キリスト教運動は、ミッションスクール反対運動や破壊行為等を伴って教会に大きな打撃をもたらしたが、教会に科学と宗教の問題、教育権回収問題、帝国主義とキリスト教の問題等についての議論・研究を促すことになった。教会の欠点を反省し、そこからキリスト教の革新運動を志向し、キリスト教の中国化を試みるようとする中から、第一に信徒が各々信仰を深めること、第二に自立して「中国基督教会」を作ること、第三にただキリストに基づくことによって、超教派の一つの教会を作ることが導きだされた。すなわち反キリスト教運動は、教会の中国化と中国人キリスト教指導者の新たな神学思想の展開を促進したのである。

(3) 社会変革の展開

教会の自立、中国化をめざした「本色教会」運動は、一九二七年の中華基督教会の成立へと結実したが、その後三〇年代に入っても真の自立をめざす模索は続いた。中国人宣教師と中国人信

北京の西什庫教会

徒の増加により、教会の「自治」はかなり進んだ。経済的自立を意味する「自養」は最も遅れていて、外国ミッションの献金に頼らないことは困難であったが、外国人の献金を入れないというより、その献金を中国人教会がいかに自主的に使うかということが肝要であると捉えられていくようになった。三〇年代に最も進展したのが「自伝」で、キリスト教徒がその信仰に基づき自主的に考え、周囲に働きかけることを意味した。特に九・一八事変後の「国家の危機」に際していかなる態度を取るべきか、信徒としての立場と国民としての立場の両立に悩み、何らかの行動をせず逃避することはできないと、直面する状況を痛切に受けとめていた。

教会合同の動きについても、第一次世界大戦以後の平和の危機に対してキリスト教の使命を自覚し、キリスト教的勢力を結集しようとした世界教会運動の潮流に沿って、三〇年以降その合同運動を展開していくという意識が高まっていった。

そして三〇年代前半には民衆教育と農村建設が精力的に取り組まれた。中国を救うには社会改造から着手しなければならないという発想は、第四章で指摘されているように既に清末から存在していたが、とりわけ三〇年代前半に「社会運動」は急速に進展した。具体的には晏陽初（一八九〇－一九九〇）による「平民教育」（成人教育・民衆教育）、農業技術指導・生活改善等を伴う農村伝道が挙げられるが、それらが目指したのは農村建設であった。そして伝道の際に、教会は中国の祭祀、慣習を取り入れたのであるが、それは教会が農村の人々の生活と密接に結びつき、そこに深く根ざすことによって、キリスト教の中国化・土着化がめざされ、逆に中国社会のキリスト教化・合理化が意図されていたのであった。

（4）日中戦争・戦後内戦における活動と模索

一九三七年七月七日の盧溝橋事件は、以後八年に及ぶ日中全面戦争の幕開けとなった。国共両党を核に全民族挙げての統一戦線が成立して、中国の人々はみな抗戦体制の中に組み込まれていった。キリスト教徒たちもまた後述するＹＷＣＡの活動が示すように、各々抗戦活動を独自に展開したり、抗戦組織の一環としてその任務を遂行していった。当然戦時下においてキリスト教教会・団体は日本軍の攻撃を受けて破壊されたり、組織が分離、解体されるなど多大な損害を被ったが、そうした困難を克服してキリスト教徒たちも忍耐強い戦いを続けたのであった。

抗戦下における中国キリスト教徒の活動の一例として、宋美齢（一八九九－二〇〇三）について言及したい。国民党のリーダーであった蔣介石総統とその夫人の宋美齢は、共にキリスト教徒であった。宋美齢は日中戦争期に中国に駐在したアメリカのスティルウェル将軍（一八八三－一九四六）や、『タイム』『ライフ』の発行人のヘンリー・ルース（一八九八－一九六七）とも交流を持ち、ローズヴェルト米大統領（一八八二－一九四五）夫妻とも親交を深めていた。そしてアジア太平洋戦争勃発後の一九四三年二月には、アメリカ連邦議会で演説を行い、アメリカ留学仕込みの流暢な英語で、中国の抗戦に対するアメリカの支援を訴えた。その訪米中に宋美齢はアメリカ市民からの義援金活動等においても大いに貢献したが、キリスト教徒であり英語を話す宋美齢の姿は、アメリカの人々に中国に対する親密さを感じさせるのに十分な効果を発揮したのであった。

日中戦争終結後、間もなく国共内戦が再発するが、国共両党にとってはいかに人々を動員、統合するかということが大きな課題であり、宗教政策もその中で展開されていった。国民党は指導者である蔣介石とキリスト教徒との個人的関係もあり、内戦期においてもキリスト教会や関係者を慈善救済活動や政治的宣伝の際の政治資源として動員していった。

共産党は日中戦争終結直後の一九四五年九月に、宗教信仰の自由という政策を改めて表明した。当時宗教団体の中でも特にキリスト教の教会・教団において、外国人宣教師はその数と活動において重要な役割を果たしていた。共産党はこうした外国人に対して宣教及び文化活動の自由を保証し、外国人管轄の宗教機関も排除・没収しないとしたのだった。

こうした国共両党の政策に対して、教会やキリスト教徒たちの反応には分化の動きが見られた。カトリック教会にとって法王庁の意向は決定的に重要であったが、当時のピウス一二世（一八七六－一九五八）は反共的傾向を備えており、南京国民政府と正式な外交関係を保持していたことから、蔣介石の内戦発動の政策を支持し、法王庁は四九年には共産主義に反対する法令を発布し

1949年9月、政治協商会議に参加した宗教界の代表たち

ている。プロテスタントはそれ自身の中に分化の現象が現れていた。もともとアメリカの教会・教団との関係が深く、その動向は米中関係の推移に大きな影響を受けていた。中華全国基督教協進会は、抗戦後親米反共の立場を強めていたが、四七年には蒋介石政権への支持を表明している。一方で国民党への批判を強めて共産党への接近を示した呉耀宗（一八九三－一九七九）のような人物もいた。呉は抗日救国運動に参加して共産党とも頻繁に接触を持ち、内戦期には帝国主義によるキリスト教への影響と利用に対する批判を繰り返した。

そして内戦勝利を確実にした共産党の主導で、一九四九年九月に北京で政治協商会議が開かれ、呉耀宗ら宗教者も参加した。会議終了後、代表たちは各地のキリスト教団体に向けて、政協会議はキリスト教を含む統一戦線を表現したものであること、現在のキリスト教は中国化したキリスト教であると説明し、まもなく誕生する共産党政権とその政策への支持を明言した。

二、中国ＹＷＣＡの活動とナショナリズム

誕生と活動

中国ＹＷＣＡ（中華基督教女青年会　Young Women's Christian Association of China）は、清朝末期の一八九〇年、杭州弘道女子中学にアメリカ人宣教師によって作られた学校ＹＷＣＡを嚆矢として、現在までその活動は継続している。清末、中華民国、中華人民共和国という一三〇年にもわたる激動の時代を歩んできたＹＷＣＡは、中国の多数の社会団体の中でも屈指の歴史を誇っている。ＹＷＣＡは国際主義を掲げ、女性を対象とする社会的組織化をめざして、キリスト教信仰に基づく都市中間層女性たちが結集して組織された社会団体である。

その歴史を少し辿ってみると、一九〇五年にＹＷＣＡ協会（全国）委員会が成立し、翌年には世界ＹＷＣＡにも加盟して、その活動は世界的なキリスト教女性運動の一環としての性格を付与されることとなった。〇八年には最初の都市ＹＷＣＡである上海ＹＷＣＡが誕生し、さらに二〇年までに広州、北京、天津等一二の都市が続き、また学校ＹＷＣＡも八九校誕生していた。二三年一〇月の第一回全国大会後、全国協会（上海に設置）が成立して組織体制が整備されてゆく中で、会員も二〇年の六四一四人が、二八年の第二回全国大会開催時には一一〇〇〇人にまで増加している。また、当初のＹＷＣＡの運営は欧米のＹＷＣＡから派遣された外国人幹事が管轄していたが、中国人幹事の養成・成長を受けて、二六年には中国人初の全国協会総幹事に丁淑静（一

ＹＷＣＡにおける女工対象の識字クラス

八九〇－一九三六）が就任した。

ＹＷＣＡはキリスト教団体ではあったが、その活動は当初から伝道そのものよりも、社会活動が中心に置かれていた。また、主婦、女子職員、学生、労働者等非キリスト教徒も含め、広範で多様な階層の女性たちをその活動対象としていた。そのため、例えば中国ＹＷＣＡ全国協会には二〇年代に学生部、宗教教育部、編輯部、労働部、幹事訓練部、郷村部、職工事業部、児童部等多彩な部署が設置されており、特に女工夜間学校の開設・運営、職業女性のための託児所設置は、ＹＷＣＡの活動の大きな特色となっていた。

また、中国ＹＷＣＡの大きな特質として、その国際性を見出すことができる。世界ＹＷＣＡのメンバーであり、高学歴で英語が堪能な幹事たちを抱え、世界ＹＷＣＡやアメリカ等各国のＹＷＣＡとの活発かつ頻繁な交流を行っていた中国ＹＷＣＡは、まさに中国の国際的な社会団体としての性格を確固として保持していたのであった。

国際主義とナショナリズムの問題

前述したように、国民革命の進展と共に真の独立と統一をめざすナショナリズムが大きなうねりとなってゆく中で、反キリスト教運動も活発化していった。このような状況に対して、中国Ｙ

WCAはその国際主義とナショナリズムとの関係をどのようにとらえていたのだろうか。一九二八年に中国YWCA全国協会の機関誌『女青年』に掲載された文章では、次のように語られている。

今日、中国には国家主義《ナショナリズム》と国際主義という二つの大きな主義が併存しており、どちらも人々が生涯を捧げる価値のあるものだと、多くの中国の友人たちは感じています。私は、この二つの主義は互いに補いあえるものであると思います。……中国YWCAは、純粋に中国女性の運動ではありますが、YWCAに加入した人々は同時にまた、世界各国の女性たちとも繋がりをもたねばならないのです。(中略)はじめはYWCAの副産物であると思っていた国際的な女性たちのつながりが、今では、世界に対する私たちの最大の貢献になろうとしています。ひょっとしたら、これこそがYWCAを生んだ力だったのかもしれません。……YWCAは世界の女性をつぎ目のない神の衣の如く繋ぎ合わせ、地上に天国を作り上げ、全世界を一つの家族にするのです(中国女性史研究会編『中国女性の一〇〇年――史料にみる歩み』青木書店、二〇〇四年、九六-九七頁)。

当時国民革命は終焉して国共内戦の時代を迎えていたが、ナショナリズムの問題は依然として重要な課題であった。そして、YWCAは国際主義とナショナリズムは両立しえるという立場を明確にしていた。反キリスト教運動はキリスト者たちに様々な問題についての研究・議論を促したのだが、ＹＷＣＡもまた思索の末に、国際主義とナショナリズムは矛盾するものではないという結論を導き出したのだった。おそらく一般の教会よりも社会活動を通じて日常的に中国の基層の社会や人々に接していたＹＷＣＡは、その自身の活動の経験を踏まえて確信をもってこの結論を下したのではないだろうか。

日本観

以上述べたような中国ＹＷＣＡの国際主義という特質は、戦争の時代を迎えるとどのように変化していったのだろうか、また変化しなかったのだろうか。

同じ世界ＹＷＣＡのメンバーである日本ＹＷＣＡとの交流は一九二〇年代から始まり、日中相互の大会や会議への参加や相互訪問は三〇年代まで続いた。両ＹＷＣＡは一九三一年の九・一八事変までは概ね良好な関係を保っていたが、事変の勃発はその関係に大きな衝撃を与えることとなった。

機関誌『女青年』に掲載された日本関係記事も九・一八事変を境に大きく変化して、九・一八事変、第一次上海事変（一九三二年）、華北分離工作、一二・九運動、抗日救国運動等、時局や事件に関するものがその大半を占めるようになっていった。それらの記事はみな九・一八事変直後から中国を軍事侵略する日本を「日本帝国主義」ととらえて、それを打倒する戦いを呼びかけると共に内戦停止、一致抗日を訴えていた。さらに日本の止まない軍事侵略は、中国の人々に帝国主義全般ではなく日本こそが唯一の強大な敵であるという認識を深めさせることとなった。

けれども日本へのこのような厳しい批判とまなざしは、日本人全体に対して投げかけられたのではなかった。日本の軍部や外交を批判的に紹介した上で、「軍事費徴税等は日増しに増大し、……日本の労働者、農民大衆の生活は日々貧しく悪化しており、不満や騒動、ストライキ、暴動といった事件も日毎に増えている」(『女青年』第一六巻第三期、一九三七年三月)として、日本の政府、軍部と一般大衆を同一視しない姿勢は他の記事にも見出すことができ、日本に対する冷静な視点はこの時期でも保たれていたのである。

日本の軍事侵略という現実を目の当たりにして、否応なく高まるナショナリズムの前に国際主義の主張の声は相対的に小さくなったと言えるだろうが、その精神は決して失われることはなかったのである

日中戦争下の活動

日中全面戦争という八年の抗戦下で、ＹＷＣＡはどのような活動を展開していったのだろうか。戦局の悪化を受けて一九四一年初春、ＹＷＣＡ全国協会は四川省の成都に移転した。日本軍の侵略にさらされた沿海地区のＹＷＣＡはその活動が制限されたり打撃を受けていたが、一方で曲江、長沙、西安、成都、重慶、貴陽、昆明に都市ＹＷＣＡや学校ＹＷＣＡが生まれ成長していた。

そして戦時とはいえ平時の経常活動は絶えることなく継続されていたが、宿舎設備、傷病兵難民救済、栄養活動、託児所、生計教育、学生救済、国際教育の七つの活動に特に注意が払われていた。宿舎や託児所は戦争前から取り組まれていた活動で、抗戦期全体を通して行われ、それに新たな戦時活動が加わったのである。また、精神の修養は戦時期においても重視されていた。

分会である上海ＹＷＣＡも、傷病兵服務、難民・流亡学生救済、女性戦地服務団の組織、抗戦宣伝といった戦時活動の一方で、学生救済食堂、無料診療所、労工教育、託児所、女子宿舎、各種補習班、運動競技といった福利活動にも取り組んでいた。一九四一年一二月にアジア太平洋戦争が始まると、上海は日本の支配下に置かれ、多くのスタッフは内地へ向かったため、会の活動は逼迫していった。しかし上海に残ったスタッフたちも児童活動と救済活動に携わって、その活動は中断されることはなかった。

おわりに

中華民国の時代のキリスト教の変遷を辿ると、中国がどのようにキリスト教を受容するかについての模索と葛藤が一貫して存在していたことが理解できる。外来宗教であるキリスト教を、世界宗教という性格を失わずにいかに中国化してゆくのか、激動の時代状況の中で、その問いは常に中国のキリスト教徒たちの中にあった。そしてそこでは、せめぎ合う国際主義とナショナリズムを両立させていこうとする努力がなされていたのである。

中国ＹＷＣＡの活動も、ナショナリズムの課題と密接に展開されていったことが確認できたが、九・一八事変後も日本と日本人に対する冷静な視点を保持して、国際主義的な姿勢は失われることはなかった。また、抗戦期においても戦時活動と従来の経常活動の双方が行われ、精神修養の重要性も認識されており、ＹＷＣＡの活動全体が戦時活動に一元化されることはなかったのである。

一九四九年一〇月一日、中華人民共和国が建国されて、中国は新たな時代を迎えることとなった。社会主義政権の誕生によって、さらにその後の中国キリスト教はどのように変容していったのだろうか。

宋美齢・蔣介石とキリスト教

一九二七年一二月一日、蔣介石と宋美齢は上海のマジェスティック・ホテル（大華飯店）で、蔡元培の司式によるキリスト教式の盛大な結婚式を挙げた。但し、蔣介石自身が江長川牧師によって洗礼を受けて正式にキリスト教に入信したのは、後の三〇年一〇月のことである。いずれにせよ、中国のトップリーダーがキリスト教徒になったということは、蔣介石自身と彼の政権・政策に大きな資産を与えることとなった。

妻の宋美齢は有名な「宋家の三姉妹」の三女で（長女の靄齢は国民党高官孔祥熙夫人、次女の宋慶齢は孫文夫人）、クリスチャンホームに生まれた。父の宋嘉樹は海南島の出身で、渡米後メソジスト教会で洗礼を受けて大学で神学を学び、帰国後は上海及びその周辺で、宣教師としての活動に従事した。やがて実業家に転身して成功し、孫文と出会った後は親密な友人として、その革命活動

宋美齢と蔣介石の結婚写真

を金銭的にも精神的にも支えていった。妻の倪桂貞は明朝時代の宰相でキリスト教徒の徐光啓を輩出した、名門徐家の出身であった。

宋美齢は上海のメソジスト教会の中西女塾で学んだ後、アメリカのウェルズレイ大学（ヒラリー・クリントンの母校でもある名門女子大学）で英文学を専攻した。そして蔣介石と結婚した後は、政治活動において重要な役割を果たすことになる。一九三四年に蔣介石が思想統制の為の「新生活運動」に着手した時は、女性たちを指導して運動に動員した。蔣介石は「新生活運動」において、儒教道徳の礼義廉恥とキリスト教の教義を結びつけ、当初から教会と宣教師に対して運動への積極的な協力を要請していた。

日中戦争が始まると、宋美齢は総統夫人として精力的に女性たちを抗戦へと動員し、また国際的な抗日援助の呼びかけを行った。特に一九四二年から四三年にかけての訪米は、宋美齢の抗戦中の祖国に対する最も大きな貢献となった。アメリカの対中国支援を求めてローズヴェルト大統領と会談し、四三年二月一八日には史上二番目の女性として、上院議会で演説を行っている。流暢な英語で米中両国の親密な同盟関係を強調したその姿は、アメリカ国民に鮮烈な印象を残すこととなった。アメリカ留学の経験を持ち、滑らかに英語を操るキリスト教徒のファーストレディの宋美齢は、アメリカ人に中国という国に親近感を抱かせるのに十分な役割を演じたのである。そしてアメリカ滞在中、全米各地で熱烈な歓迎を受けて、成功の裡に中国支援を求める講演を重ねていった。なお、宋美齢はヘンリー・ルースとも親交を持っており、『タイム』誌の表紙にも何度か宋美齢と蔣介石が登場している。アメリカ国民は宋美齢を通して、中国人が自分たちと同じキリスト教信仰と、欧米流の民主主義を受容した人々であると理解して、両国の同質性を感じた。そしてそのことは、中国の抗日の戦いへの同情と支援を引き出すために、大いに貢献したのである。

（石川照子）

第六章　十九世紀末から日中戦争終結までの日本と中国の教会

はじめに

中国伝道は、イエズス会のごく最初の時期を除いて一貫して極東伝道の中心に置かれていた。同時に歴史的、文化的に中国から様々な影響を受けていた隣接地域は、中国伝道の射程の延長上に位置づけられ、日本のプロテスタント伝道初期には、中国伝道を経験した宣教師が来日するケースが相次いだ。明治学院の初代総理ヘボン、同神学部教授のブラウン、立教学院の創始者ウィリアムズ、青山学院の初代総理マクレイは、いずれも中国で伝道した経験を持ち、様々な理由により中国を離れて来日した宣教師である。

直接的な伝道だけでなく、漢訳聖書を始め漢文のキリスト教関連書物が日本の知識人に与えた影響も大きい。キリスト教に初めて接した日本の知識人は、まず漢文のキリスト教関連書物からキリスト教に関する基本的な知見を得た。キリスト教の人的交流においても、キリスト教にかかわる情報の交流においても日本は中国の影響を多分に受けており、一八七三年のキリスト教黙許以後しばらくは、日本側が中国の情報を一方的に取り入れていた。しかし日本の「近代化」に伴ってこの関係は次第に変化を遂げ、中国はキリスト教情報の発信地から、日本人宣教師が伝道する地へと変わってゆくことになる。

本章では、前章と時期的には重複するが、中国キリスト教史を日本との関係という点からとらえ直し、日本人宣教師による中国伝道、日中戦争期における中国の教会というテーマを中心に論じることとする。現在極めて乏しい中国と日本との教会及びキリスト者どうしの交流の未来を描くうえでも、一九四九年の中華人民共和国成立以前に約七十数年にわたって継続してきた中国と日本の正負の関係に改めて向き合うことは重要であろう。

なお日本人宣教師による中国伝道について論じる前半では、日本基督教会の動向を主に取り上げる。というのも、台湾伝道もその後の中国伝道も、先鞭をつけたのは日本基督教会であり、さらに日本初の超教派伝道団体である東亜伝道会も、日本基督教会が挙げて全面的に支援したかどうかは別として、日本基督教会の関係者が中心になって成立した伝道会であったからである。

一、日本の教会による中国伝道

端緒

日本の教会が日本人宣教師を初めて派遣した「外国」は、日清戦争での勝利によって領有した台湾である。しかし海外伝道の必要性はそれ以前から意識されていた。一八九〇年の大会で日本一致教会から改名した日本基督教会は、各地に中会を形成し、宣教団体からの完全自立を念頭に置いた自主独立路線の模索が本格化してゆく中で、「外地伝道」に関心を向け始める。

日本基督教会内部で海外伝道が教会の課題として公に語られた最初の記録としては、日本基督教会の機関紙『福音週報』（一八九〇年一二月二六日）に掲載されたT・Kなる執筆者の「殖民と基督教」がある。彼は、植民地が開けようとしているときに「霊魂の糧」を仏教伝道だけに任せるべきではないとし、キリスト教の伝道の目的を二つ挙げる。ひとつは日本人移民の退廃的な生活を整え、「禽獣」に等しい風紀をただすこと、もう一つは「原住民」伝道である。そしてアジア全地の伝道が日本人キリスト者の使命であると結論づけている。

その二年後、島貫兵太夫は朝鮮伝道の可能性を探るための現地調査を行い、『福音週報』の後継誌『福音新報』に「往て朝鮮に伝道せよ」（一八九二年一〇月一四日号）を書いた。彼はこう述べる。

我が大日本は東洋の盟主なり。東洋の先導者なり。宗教に於て、政治に於て、教育に於て、技芸に於て、其他百般の事。東洋諸国に冠たり。我等は東洋諸国を導くの責任を有せり。我等は今東洋伝道策を講ずるの責任を有せり（中略）。

奮ってかの地に赴き此の実に憐なる国民の友となり師となりて伝道に従事せられんことを勧むることに決したり（後略）。

後述するように、日本の教職者が海外に送られ始めた十九世紀末には、伝道の対象は海外在住の日本人に限られていた。しかし朝鮮はおろか台湾も未だ日本の植民地ではなかった時代から、こうした「海外伝道観」がすでに現れていたことは注目に値しよう。ここに現れているのは、「東洋の盟主」である日本のキリスト教会もまたまぎれもなく「東洋の盟主」の一員であり、アジアの人々を導く「師」である、という帝国意識である。いち早く欧米宣教団からの独立を達成した日本基督教会の自立意識は時に高く評価されるが、対欧米自立が容易に対アジア支配の心性に転化しうることを見逃してはならないだろう。日本基督教会以外の教派にも広く共有されていたこの意識は、その後もほとんど修正されることなく、日本のアジア侵略が進む過程で一層居丈高に語られることになる。

台湾伝道

島貫が唱えていたのは朝鮮伝道の必要性だが、日本基督教会が最初に伝道者を派遣した先は台湾だった。日清戦争中の一八九四年一一月、伝道局予算三〇〇〇円が計上され、台湾伝道に着手することが決定された。日本基督教会の伝道局は、一八七七年に国内向けに設立され、一八八五年には大会の事業となるが、しばらくは教職者が兼任する状態が続いた。しかし一八九四年、専任の局員を配置し、伝道の実務を一元化させ、伝道局を独立組織とする抜本的な改革を行っている。海外伝道の着手が最初の対外戦争の時期と重なっていることは、単なる偶然ではあるまい。なおこの伝道局は、一九一五年、日本基督教会総務局の設立に伴い、同局傘下の一部局となっている。

一八九五年、日本の台湾領有が決定すると、日本基督教会大会は台湾への宣教師派遣を決定、翌年河合亀輔が台北に送られ、間もなく教会が設立された。その二年後には細川瀏が台南伝道を開始する。鳴り物入りではじめられた台湾伝道であったが、台湾にはすでにイギリス長老教会が一八六〇年から、カナダ長老教会が一八七二年から伝道しており、一八九六年時点ですでに原住民居住地域を含む台湾全土に多数の伝道拠点を擁し、台南、淡水を中心にキリスト教男子校、女子校や盲学校も設立していた。外国人宣教師たちは同系教派のつながりから日本人教師に協力的だったものの、原住民の部族語はもちろんのこと台湾語もできない日本人教師には現地人伝道のハードルは高く、伝道の対象はもっぱら在台日本人に限られた。日本基督教会の神学的リーダーであり、台湾伝道を熱心に推進した植村正久は、在台日本人伝道から着手することやむなしという見解を正直に表している。また一八九六年に台湾視察に訪れた大儀見元一郎は、台湾在住の不道徳な日本人の風紀粛清の為に伝道が必要であるとし、さらにこうも述べている。

此の時に際し土人の失望を慰め、その誤解を解き之に謙遜にして己を知るを示し、喜んで我政府の下に立ち安心と幸福とを得せしむものはそれ誰ぞや、基督の福音を説く者に非ずして他ならんや。

現地の人々の厳しい対日本人感情をなだめ、日本統治を喜んで受け入れさせ、安心感と幸福感を与える務めがキリスト教にはあるという。日本の伝道者の伝えるキリスト教が台湾支配の道具として有用であることを認める発言であり、自らを常に統治者側に置くという点で、島貫の主張と相通ずるともいえるだろう。

日本基督教会は、植村正久を中心に、政治権力の支援を受けていた組合教会の朝鮮伝道に対し批判精神を保ちつつ、独立運動の様相をできる限り正確に伝え、総督府の武力弾圧に対する反対の論陣を張った。植民地支配という現実そのものを是認したという限界はあったものの、日本のキリスト教徒、キリスト教界の良心を示したといえるだろう。しかしこうした姿勢は、植民地朝鮮においてとりわけ強圧的な支配がおこなわれた特殊な時期という、地域的にも時期的にも限定された範囲内で見られたものであり、むしろ島貫や大儀見のような支配のためのキリスト教という感覚は、日本基督教会内にも一貫して保たれていたと言える。まもなく植村が死去し、日本が中国大陸に軍事侵略を進めるようになると、被植民側の立場に立つ人々は急速に沈黙し、すでに一九世紀末から見られた「東洋の盟主」としての意識が前面にせり出してくるようになる。さらに次に考察する中国東北部伝道の経過を見てみると、日本基督教会は当初から関東州当局や満鉄（南満洲鉄道株式会社）との関係を重んじていたことがうかがえる。

在中国日本人伝道

日清戦争に勝利した日本は、一八九七年に蘇州と杭州、一八九八年には沙市、天津、漢口、一九〇一年には重慶、中国諸都市に日本租界を開設した。日本基督教会は、第一六回大会（一九〇二）の「北清伝道着手の決議」に基づき、上記の都市から天津を選び、一九〇三年、同地に伝道局幹事貴山幸次郎が派遣され、日本人教会が建てられた。天津教会の牧師に就任したのは、組合教会牧師をしていた丸山傳太郎である。その後一九〇五年一二月に租借地大連に、一九一一年には奉天と旅順に、さらに撫順に教会が建てられ、一九一二年には満洲中会が形成された。最初に生まれた天津の教会は当初東京中会に属していたが、間もなく満洲中会に加盟した。

これらの教会は、台湾、朝鮮伝道の場合と同様、すべて在留日本人を伝道対象とした日本人教会である。一見して分かるように天津以外は東北部に集中しており、大連や旅順における教会の設立は、日露戦争での勝利によって租借地（関東州）を獲得したことを背景としていた。租借地で最初に設立された日本基督教会の大連教会は、陸軍軍人で満洲軍倉庫長だった日本基督教会会員日疋信亮が、倉庫の一室で毎週開いていた祈祷会から始まっている。また同じ時期に貴山幸次郎が満洲伝道拡大のために視察に大連を訪れた際、わざわざ大連民政署長を表敬訪問し相互協力を確認している。貴山は一九〇七年にも視察に訪れ、この時は前年設立された満鉄の総裁後藤新平を表敬訪問した。「台湾に於けるがごとくまた満洲に於いてもわが日本基督教会伝道局は率先して各地に教会を設け、同胞教化に務めます」とあいさつする貴山に対し、後藤は「台湾でも能くやって貰ったが、満洲でも大いにやって貰いたい。ただ我々が威圧圧迫する斗りではいけないから、君等宗教家が愛の手を伸して親善の道を能く示して貰い度い。会堂でも建てる場合はできるだけ建築材料など寄付したり或は安く払下げる様にする」と応じたという。実際満鉄は、大連教会を拠点とした伝道活動のために交通や宿泊の便を図ったり、地所や建築材料を安価に提供したりした。

日本基督教会がその現地人伝道への着手を正式に目標に掲げたのは、一九〇九年であった。この年日本基督教会はプロテスタント日本伝道五〇周年を記念して「清国人伝道」を決議、同年一一月、丸山傳太郎を北京に派遣した。しかしこの企ては塩漬けにされたまま、二〇年以上が経過する。中国人伝道が実現するのは、満洲事変以後のことだった。

二、東亜伝道会

満洲伝道会の設立

満洲事変、「満洲国」建国を経た一九三三年、日本キリスト教史上初の外国人伝道を目的とした伝道会、満洲伝道会が結成された。伝道会設立の立役者は、大連教会の生みの親である日疋信亮（日疋自身は一九〇六年一〇月に帰国）と同教会の牧師を一九一三年から二七年まで務めた三吉務である。二人は帰国後それぞれ日本基督教会富士見町教会の長老、牧師を務めており、毎週金曜日は特に中国伝道を祈りの課題とした祈祷会を守っていた。

「満洲国」建国に際し、彼らは中国現地人伝道の機が熟したとして満洲伝道会設立に踏み切り、本部を富士見町教会内に置いた。規約によれば会の目的は「満洲人教師をもって、満洲語により伝道する」ことと「日語教育又は医療其他慈善事業」の実践で、日本のクリスチャンを信仰に導いた外国人宣教師と同じ働きを使命とする唯一の団体であると自ら位置づけている。会の設立に際し、キリスト教各教派にも広く協力を呼びかけており、満洲伝道会は日本基督教会とは別の超教派組織として出発しているが、発足にあたって中心的な役割を果たしたのはやはり日本基督教会であった。

委員長の日疋信亮はまず陸軍大臣荒木貞夫の承諾を得てから一九三三年年九月に渡満、同月一五日、本会在満代表の山下永幸を伴って、「満洲国」執政の溥儀に面会し、「満洲国」に対するキリスト教伝道の趣旨を説明して「満洲語」訳の旧新約聖書を「捧呈」した。また彼らは、関東庁長官と駐満全権大使を兼任する関東軍司令官・菱刈降にも会って、満洲伝道への理解と許可を求めた。

その後関東庁の許可を得て奉天と新京に教会が設立され、一二月のはじめに両教会の開設式が挙行された。翌一九三四年一一月には大連にも教会が設立された。

ところが一九三五年五月頃から、ホーリネス教会の入会をめぐって、日疋と山下との間に早くも路線対立が起きる。神学的解釈の違いを乗り越えて伝道に専念すべきであるという日疋に対し、現地の山下は、ホーリネス的伝道は許容できないと拒否した。日疋の他教派に対する寛容な姿勢の背景には、おひざもとの日本基督教会が満洲伝道会への献金を保留し、他方ホーリネス教会が月額五〇円の献金をするという事情があったようである。日本基督教会は教会を挙げて満洲伝道会の業を支えていたとはいえず、献金についてもしばしば反対意見が出ていた。

ホーリネス教会の加入をめぐる両者の対立が根本的な解決を見ないまま、満洲一帯を教区に分け、新京以南の第一教区（奉天、新京、大連）を山下が、以北の第二教区（哈爾浜、チチハル、索倫、開通など）をホーリネス系が伝道することになった。一九三五年一一月からはここに第三教区、すなわち熱河伝道の地、熱河教区が加わる。

満洲伝道会の教区に熱河地区が加わったころ、奉天ではミッション系病院に勤める中国人医師たちが共産主義者の嫌疑で多数検挙される事件が起き、さらにはミッションスクールが、のちの神社参拝強制のひな型ともなる孔子祭への強制参加に直面している。たとえ十分な証拠がなくとも、反満抗日的な言動が疑われただけで検挙が断行され、孔子廟参拝の強制によって「満洲国」建国の理念への忠誠が求められたのである。思想、言論統制は、一九三七年七月の日中全面戦争勃発以降、さらに拍車がかかり、一九三八年には「満洲国」民生部が「暫行寺廟及布教者取締規則」を発布、あらゆる宗教団体に関する情報をすべて漏らさず報告することを義務付けて、宗教活動を厳格な監視下に置いた。

日中全面戦争以降——東亜伝道会

このような状況のもと、日中全面戦争を機に満洲伝道会から改称した「東亜伝道会」は、中華民国内の日本軍占領地に伝道圏を拡大した。伝道地の拡大に伴って膨らんだ経費の補てんに充てられたのが、一九三八年以降外務省から受領することになる寄付金である。この寄付は一九三八年当初は臨時寄付二万円だったものが、一九四二年には四万円に増額され、一九四三年からは大東亜省から同額の四万円を受領した。東亜伝道会は外務省に寄付金増額も願い出ており、下書きと思われる文書には次のような一文も含まれている。「東亜共栄圏内の基督教の一大連盟の結成を見るに至る可く、将来の宣撫工作も共存共栄もこの線に沿ふて行はる日あらんことを期待するものなり」(日本基督教団富士見町教会所蔵資料)。あくまでも外務省向けの言葉遣いであり、またこの文書がそのまま外務省に送られたかどうかも定かではない。しかし東亜伝道会が宣撫工作を使命とすることをアピールしようとしたこと、そして外務省がアピールに答えていたことは、東亜伝道会の国策的な側面を明らかに示すものだろう。

さて、やり手で独断専行の傾向があった山下永幸に対しては、伝道会内部からの批判も少なくなく、一九三九年になると辞任が取りざたされるようになった。この問題は一九四〇年、山下が新しい教会堂と神学校の建設、そして神学校教師の採用を独断で進めたことによって現実のものとなり、彼は一〇月、日疋宛に辞表を提出する。ただし、代表を辞任したことは確かだが、東亜伝道会と一切の関わりを断ったわけではない。山下の辞意を額面通りには受け取らなかった日疋は、その本意を確認していた矢先の一一月に急死、これによって東亜伝道会は急速に求心力を失ってゆく。さらに追い打ちをかけるように、バプテスト教会がバプテストの方法に沿った伝道方針を堅持したまま東亜伝道会第一教区への加盟を求め、山下と激しく対立し、会の統率にさらなる乱れが生じた。

一方、第二教区で精力的に伝道を行っていたホーリネス系の伝道者たちは、しばしば「神癒」によって多くの人々を教会に引き付けていた。ところが一九四一年の日米開戦をはさんで一九四二年にきよめ教会と聖教会の教職が続々と逮捕され、彼らの教会は伝道禁止と解散を命ぜられる。第二教区は大打撃を受け、一気に意気消沈した。バプテスト問題で揺れる第一教区や逮捕者が出たことにより伝道が沈滞化した第二教区に対して、第三教区の熱河には、一九四一年の終わりから、承徳を拠点に伝道していた福井二郎を慕って、志を立てた男女が参集し各地に拠点を築いていった。このいわゆる熱河伝道については後述する。

日疋の急死を受けて会長に就いたのは、政友会の代議士で霊南坂教会会員の松山常次郎である。一九四一年六月に日本基督教団が成立すると、松山らは、東亜伝道会を発展的に解消し教団に組み入れるべく、教団幹部と話し合いを始めた。その背後には教団として組織的に東亜建設の一翼を担うことが当局から期待されていた建前上の理由に加えて、東亜伝道会の財政状況が、国からの援助金を受領してもなお厳しかったことが挙げられるだろう。結果東亜伝道会は、一九四三年暮に日本基督教団に新設された東亜局に包摂される。一九四二年四月の教勢統計によれば、伝道圏は「満洲国」内の第一教区、第二教区、第三教区、蒙疆教区、中華民国内の北支教区、中支教区、南支教区、さらに南洋の八教区に分かれ、合わせて七六の教会を擁し、教職者八五名、会員数三三六〇名を数えていた。同年末にはこの数字はさらに増大し、教会数八九、伝道者一一三名、会員総数三五五三名となっている。

　ただし、これらの教会の中には、太平洋戦争勃発後退去を余儀なくされた連合国側の宣教団の教会をそのまま譲り受けたものも含まれており、この数を直ちに東亜伝道会の開拓伝道の成果と見なせるわけでは決してない。満洲のプロテスタント伝道は東亜伝道会が成立した一九三三年の六〇年以上も前からスコットランド教会、アイルランド長老教会を中心とする欧米の宣教会によって担われており、一九二二年には満洲地区で伝道する宣教師数一七二名、中国人教職者数八九三名（牧師・伝道師を含む）、満洲地区全体で陪餐会員は二万人を超えていた。これらの諸教会は一九四二年、日本の指導の下「満洲基督教会」に統合された。連合国側に属していた宣教師は、帰国組やアフリカやインドなど別の伝道地に移動した者たち以外は、奉天やハルビンの収容所（敵国人集団生活所）に収容され（奉天在住の宣教師の妻たちは自宅に留まることが認められた）、さらにはその後神戸に移された者たちもいた。

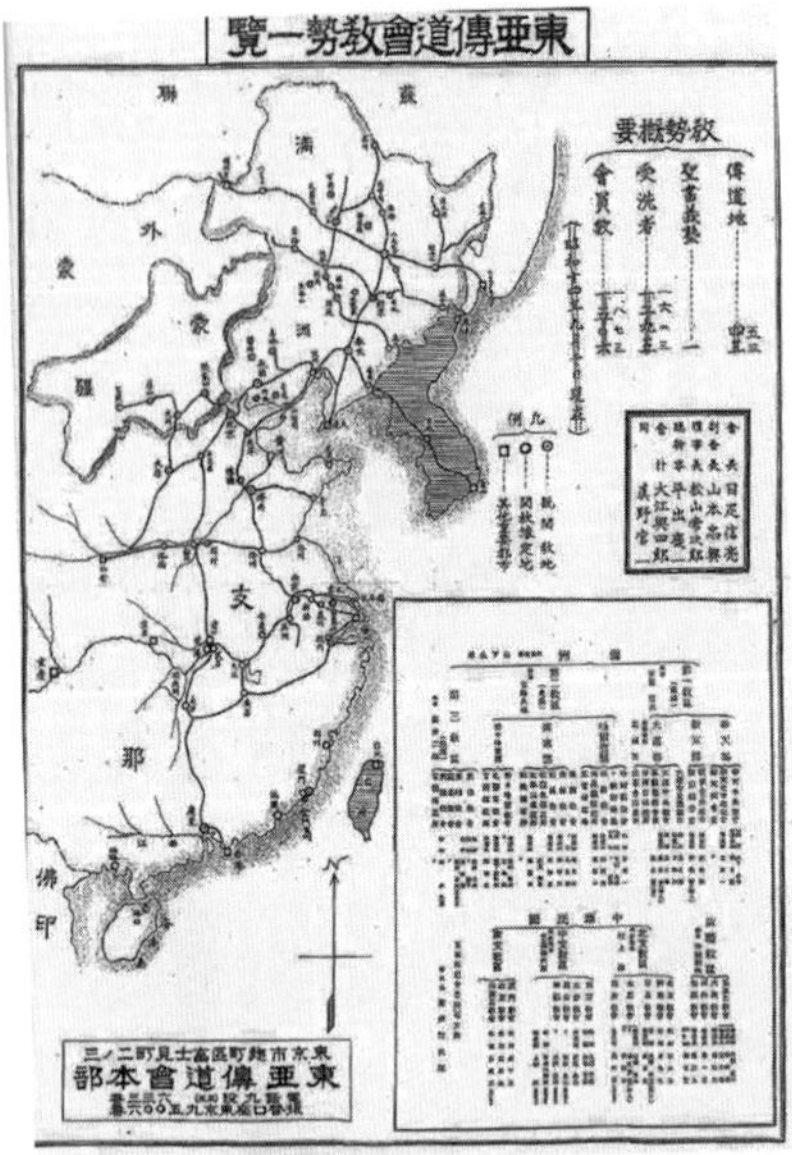

東亜伝道会の教会分布を示す地図.

　戦後一九六〇年代になって東亜伝道

会の働きを回顧した元奉天日本基督教会牧師の三吉務は、「日疋氏は元軍人であったが、そのために軍部と何か連絡したことなどは一度もないので、あくまで零細な個人献金を集めて、この運動を進めたのであった。のちのことは知らんが、少なくとも自分が日疋氏と満洲伝道会創立について語り、またその後の事業の推進については、まったく祈りと主の聖言によったものである」と述べている。また熱河教区で伝道した二橋正夫は、東亜伝道会を「純然たる宣教目的」で設立され「資金はすべて信徒の自発的な浄財によって賄われ、本来の趣旨である中国人による中国伝道という理想を一貫して守」ったと述べている。

三吉の主観的な回想や二橋の叙述が、事実に反することは言うまでもない。また二橋の述べる「中国人による中国人の伝道」という趣旨は堅持されたが、満洲地域で何十年も前から伝道する欧米伝道団体が建てた教会もすでに自立した教会の形成を行っていたのであって、東亜伝道会のこの方針を特別視する必要はない。この主観と願望にあふれた回想の真偽を資料によって精査することはもちろん必要だが、それと同時に重要なのは、なぜあの政治的大状況の中で純粋な伝道が可能であったと信じることができたのかを読み解くことだろう。それを分析するには紙幅がとても足りないが、ここで指摘できることは、たとえば三吉の場合がそうであったように、「満洲国」という国際社会から承認されえなかった国を、それでも素晴らしい理想があったと多少なりとも正当化する心理が、東亜伝道会の肯定的な評価と表裏の関係にあるのではないかということ、さらに一方的な理想を押し付けられた側、つまり現地の人々についての慮りが驚くほど欠如していることである。

確かに統計だけを見ると、東亜伝道会は中国人伝道者を多数擁し、会員数も最終的には三五〇〇名を超えており、一見ある程度の成果を収めたように見える。ホーリネス系やバプテスト派の伝道者はしばしば「神癒」を実施しており、こうした直截的な癒しが病気に悩む人々をひきつけた面もあっただろう。だがはたして一般の人々は、支配者である日本人伝道者をどのように見ていただろうか。さらに、中国人が加入したことを「伝道の成果」と評価できるほど中国人どうしの関係は単純ではなく、日本人伝道者に協力する中国人を一般の人々がどう見ていたかについても思いを致す必要がある。同様のことが次節で述べる熱河宣教についてもいえるだろう。

関係者がほとんど亡くなり聞き取り調査ができなくなってしまった今、東亜伝道会の実像に迫ることは非常に難しいが、しかし関係者との利害を超えた研究が可能な状況が生まれているともいえる。東亜伝道会研究の第一人者は故韓晳曦だが、韓の基礎研究の上に資料調査も含めたさらなる研究が積み重ねられてゆくことを期待したい。

熱河宣教について

一九三三年、関東軍の熱河作戦によって「満洲国」に組み入れられた熱河省は、「満洲国」の西側、万里の長城を挟んで北京の北方に位置する地域である。中華民国と隣接していたために、万里の長城沿いで激しい戦闘（長城戦）が繰り広げられ、関東軍は抗日分子の摘発を徹底的に行うために、長城一帯の村々を焼き払い「無人区」とし、追い出された人々を劣悪な生活環境の集団部落に強制収容した。福井二郎が一九三五年から伝道を始めた熱河省の中心都市承徳には、福井も訪ねることのあった監獄があり、反満抗日分子と目された人々が多数拘留されていた。同じく福井に強く感化された砂山貞夫夫妻が伝道した興隆周辺は、無人区政策が最も過酷に敷かれたところで、興隆の中心部からさほど遠くない街はずれには、八路軍の協力者として逮捕、惨殺された人々の遺体を遺棄する場所があった。第三教区の伝道地は、奉天や新京、大連とはかなり異なる状況下にあったことを知っておく必要がある。

上海の東亜同文書院を卒業し、山口高商で中国語の教師を務めていた一般信徒の福井二郎は、一九三三年、中国伝道の召命を確信し、日疋と面談、伝道者としての資格も認められ、満洲伝道会の「自立伝道者」として一九三五年承徳に派遣された。福井は祈りの人であった。祈りを通じて宣教の地が示され、その召しにひたすら忠実であろうとした。祈りから得られた示しにしたがって福井は承徳のほか、赤峰、囲場、興隆を開拓し、一九四二年以降福井の影響を受けた男女がこれらの伝道地に赴いた。

一九四二年以降熱河に入ったのは、京都大学で経済学を講じていた沢崎堅造と良子夫人のほか三名の独身女性を含む計九名であった。同年六月には、福井、沢崎、そして北京その他での伝道経験を有する二橋正夫によって承徳に熱河宣教塾が設立された。ここで学んだ伝道者たちがそれぞれ示された地に赴いたのである。翌年にはさらに永見愛三夫妻と三名の女性たちも来着、敗戦間際にも古屋野哲二夫妻と和田正夫夫妻が加わっている。

しかし一九四五年七月、ソ連国境に最も近い大板上に入っていた古屋野と赤峰にいた和田は応召、八月三日にはソ連軍の侵攻が迫る中、古屋野とともに大板上に滞在していた沢崎が、妻と古屋野夫人を脱出させたのち行方不明となる。ほかのメンバーもそれぞれ脱出を図るがソ連に抑留されたり、逮捕投獄されたり、行方不明となるなど、無事生還できた者は少数であった。福井は一九四八年まで承徳に、夫が行方知れずとなった砂山夫人は幼い子どもたちを抱えながら、近隣の人々の好意を受けつつ一九五三年まで興隆にとどまっていた。

熱河宣教に赴いた伝道者たちの詳細については、多くの日本人キリスト者を感動させた『熱河宣教の記録』（飯沼二郎編、未来社、一九六七年）や『荒野をゆく―熱河・蒙古宣教史』（熱河会編、未来社、一九六七年）に記されているので、ここでは繰り返さない。伝道の使命を遂行してゆく中で遭遇した様々な苦悩、喜び、充実感、中国人信徒との間に生まれた信頼関係、愛児を失う悲しみ、中国語を用いて中国の民と苦楽を共にしたことへの自負、さらには敗戦時の混乱期にどれほどの辛酸をなめたかが、それぞれの伝道者によってつづられている。

これらの書物が描き出す伝道者の姿は、「満人」のために最後まで仕えようとした敬虔な信仰者のそれである。その姿に偽りはないだろう。しかしたとえば彼らが信頼関係を結んだ中国人キリスト者はどのような人々であっただろうか。二〇〇六年に筆者を含む複数の研究者が興隆で行った調査では、砂山夫妻の教会のすぐ隣に住み、戦後未亡人となった夫人の生活を助けた女性に話を聞くことができたが、彼女の述懐によれば、興隆教会に集う人々は、学校の教師や身分の高い対日協力者ばかりで、彼女自身のような一般の庶民にとって教会は無縁なところであったという。さほど遠くない場所で抗日と目された人々の虐殺遺体が放置されていることを兄から聞いていた彼女にとって、日本人はどんな人であっても恐るべき存在だったとも述べていた。あるいは、時には憲兵に疑いの目で見られたり、厳しい言葉を投げかけられたりすることもあった伝道者たちだが、沢崎や古屋野が、軍警と協力して八路軍の討伐にあたった協和会と親密な関係を保っていたことは、どう評価すべきであろうか。

信仰熱心で清新な彼らが教会に集っていた中国人と真の信頼関係を結ぶことができたのはある意味当然であろう。あの侵略戦争のさなかでも日中の間に信仰の絆と友情が育まれていたことは、その限りでは私たちにとって大きな慰めである。しかしそうした記憶に依拠した叙述は、人々を信仰面で励ましもするだろうが、そうでなければ主観的な美しい思い出話の域を出ないだろう。彼らの仲間内の関係に、教会外の第三者の視点を加え、さらに彼らを取り囲んでいた歴史的状況を検討し、熱河宣教の全体像を描くことにこそ重要な意味があるのではないだろうか。私たちが熱河宣教からくみ取るべきことは、美しい伝道物語だけではないはずである。

アジア・太平洋戦争勃発後の在華宣教師とその家族

皆さんはスピルバーグの隠れた名作『太陽の帝国』(Empire of the Sun, 1987) をご覧になったことがあるだろうか。舞台は一九四〇年代の上海。外国人租界で何不自由ない生活を送っていたイギリス人の少年が、日米開戦直後の日本軍の上海侵攻で両親と離ればなれになり、日本の「敵国人」として収容所生活を送る様子を描いた作品である。イギリスのSF作家J・G・バラードの自伝的小説が原作で、スピルバーグらしい一級のエンターテイメントであるだけでなく、中国における「敵国人集団生活所」(日本軍は民間人収容所をこう呼んでいた) の様子がつぶさに描かれている。

この映画に登場する収容所は、上海市内から南に八マイルに位置していた龍華収容所である。一九三七年の日本軍の爆撃で破壊された中学校の跡地を利用したもので、かろうじて残る元の校舎や新たに建てられたバラックに、一九四三年四月末現在、バラードとその両親ほか男女合わせて一七〇〇名あまりが収容されていた。一九四一年一二月の日米開戦によって連合国と敵対した日本軍は、こうした収容所を上海近辺の他、北は奉天 (現瀋陽) から南は広州、香港まで、全国に多数設置し、アメリカ、イギリス、オランダ、オーストラリアなど連合国側の「敵国人」を収容した。

彼らは捕虜ではなかったので、その待遇はジュネーブ条約違反が繰り返されていた戦争捕虜の扱いに比べればまだましであった。しかし、不衛生な生活環境、狭い居住空間、厳しい規則づくめの生活、時折加えられる暴力的制裁、そして劣悪な食糧事情は、被収容者を著しく疲弊させた。

収容所での宣教師及びその家族の全体に占める割合は高く、たとえば上海の閘北収容所では、五分の一に上っていたという。終わりの見えない日々の中、収容所における彼らの存在は貴重で、毎週日曜日には、急ごしらえの教会で開かれる礼拝やミサに多くの被収容者が参加した。また、自ら地方の田舎に飛び込み、不便さをいとわず伝道に励んだ経験を持つ宣教師であれば、便利な外国人租界で欧米式の生活様式を享受していた人々よりもはるかに収容所生活への適応も早く、精神面だけでなく生活面でも指導力を発揮することができたという。

一九四三年三月から「敵国人」の収容を開始した山東省濰県（現、濰坊）の収容所も同様であった。ここにも天津や煙台、青島で伝道活動、キリスト教教育などに従事していた宣教師やその家族が多数収容されていた。なかでも影響力の大きかったプロテスタント宣教師たちは、排水溝やトイレ掃除など、みなが嫌がる仕事を進んで担い、また収容所という異常な空間の中でとくに精神的影響を受けやすい子どもたちへの教育に心を砕いた。スポーツ大会、ダンス大会、科学実験、語学レッスンなど、宣教師は率先して様々な行事やクラスを企画した。そんな宣教師のひとりが、パリオリンピックの一〇〇メートル走を日曜日開催を理由に欠場し、四〇〇メートルで優勝したことで知られるエリック・リデル（Eric Liddell, 1902-1945）である。リデルがイギリス映画『炎のランナー』（Chariots of Fire, 1981）の主人公であったことはあまりにも有名である。

濰県は山東半島の中央、ドイツが建設した青島と山東省の省都済南を結ぶ線のちょうど中間に位置している。日本軍は一九三八年一月の濰県制圧後、アメリカ北長老教会が所有していた「楽道院」という名の広大なミッションコンパウンド（病院、学校、居住施設などが集中している区域）を接収し、日米開戦以後その一部を収容施設とした。一九四三年三月以降、それまで北京や天津、青島の収容所にいた人々がここに続々と連れてこられて、その数は二〇〇〇名余りに達した（うち子どもの数は三〇〇名ほど）。

エリック・リデルは一九〇二年、ロンドン伝道会宣教師の両親の次男として天津で生まれた。スコットランドで教育を受けるため六歳で帰国、少年期、思春期を主にエディンバラで過ごし、エディンバラ大学時代は陸上と並んでラグビー選手としても活躍した。オリンピック出場後、一九二五年に父親と同じロンドン伝道会宣教師として中国に渡ると、天津のキリスト教学校で教鞭をとり、さらに一九三七年、兄が宣教医として働いていた河北省衡水市の最貧の村、肖張鎮で伝道と奉仕にいそしんだ。間もなくこの村を日本軍が占領し教会財産を接収、リデルは天津に戻り日米開戦を迎えることになる。

濰県収容所でリデルが特に心を砕いたのは、子どもたちの生活だった。得意のスポーツを教え、運動会を開き、辛い収容所生活に耐える子どもたちに生きる喜びを与えようと献身的に働いた。その中には、リデルの人柄と信仰に多大な影響を受け、戦後、宣教師として来日し三八年間日本伝道に従事したスティーブン・メティカフのような人物もいる。

収容所として使われた「楽道院」

「楽道院」の敷地内にあるエリック・リデルの記念碑

リデルは日本の敗戦を待たずに、一九四五年二月二一日、脳腫瘍のため死去。遺体は「楽道院」の敷地内に埋葬された。

濰県収容所があった「楽道院」の建物群は、中華人民共和国成立後、部分的に濰坊人民病院、濰坊第二中学、居民委員会などに用いられ今日に至っている。二〇〇〇年以降は、アメリカ長老教会が建てた濰坊初の病院Shadyside Hospital等の「集中営旧址（収容所跡）」の整備、記念公園の建設、リデルの記念碑の建立が、濰坊人民政府の手によって進められた。二〇一五年には、旧Shadyside病院の修復工事も完了し、抗日勝利七〇周年を記念してリデルの娘を含む関係者を招いて式典が執り行われた。

中国各地に点在していた旧日本軍収容所の中で濰県収容所ほど保存活動が熱心に行われているところはない。その理由として、収容所の規模が大きかったこと、他の都市に比べて戦後の開発が進まず、建物の保存状態が比較的良かったことなども考えられる。だがなによりも、『炎のランナー』で描かれたエリック・リデルの存在が、収容所の記憶を具体的に残そうとする熱意を後押ししたことは間違いない。

（渡辺祐子）

第七章　アジア・太平洋戦争期の「中華基督教団」

はじめに

一九三七年七月七日の盧溝橋事件以降、日本軍は中国北部・東部・南部の主要都市を次々に占領し、蔣介石率いる国民党政権は戦時首都を内陸地の重慶へと移転させた。それに伴い、中国の多くの教会機関やキリスト教学校が、勢力温存のために交戦状態にない西部の重慶や成都へ避難した。このことにより、戦時期の中国のキリスト教諸機関は、日本軍占領地域（同時に傀儡政権統治地域でもあったが）と内陸の国民党政権統治地域とに分断される結果となった。

日本当局は傀儡政権を樹立するだけでなく、さまざまな方法で人心掌握を図った。宗教を利用した宣撫工作では、仏教が大きな勢力を占めていたため仏教対策に重点が置かれたが、当局はキリスト教対策にも力を入れていた。というのも、キリスト教は中国全体では少数とはいえ、国民党幹部に多くのキリスト者がおり、宣教師によって建てられたキリスト教学校・病院・福祉施設などが中国民衆の間に深く根を下ろしていたからだった。また日本軍による宣教団体資産への誤爆・略奪被害に関する宣教師たちの諸報告が、中国国内の対日世論のみならず諸外国の対日世論にも大きな影響を与えていたため、キリスト教対策は外交の上でも重要な位置を占めていたのだった。

華北地域では興亜院華北連絡部の下に「興亜宗教協会」、華中地域でも興亜院華中連絡部の下に「中支宗教大同連盟」が設けられ、それぞれ日本軍と傀儡政権の関係部署と連携しながら中国の諸宗教に対する対策を講じた。キリスト教対策もその枠組みの中で実施されたが、太平洋戦争以前には日本当局は欧米諸国との外交上の摩擦を避けるためにも宣教師たちに対して強制的手段を講ずることができず、また彼らの影響下にある中国教会に直接干渉することもできずにいた。

一九四一年一二月に太平洋戦争が勃発すると、翌年六月頃までにはアメリカやイギリス等の宣教師たちの大半は強制帰国あるいは収容所抑留となった。大きな障害であった宣教師勢力が取り除かれたことにより、日本当局はようやく中国教会への直接対策に乗り出すことができるようになった。こうして日本基督教団に模して各地に設立されたのが「中華基督教団」だった。

本章では江長川《コウチョウセン》（北京）、王明道《オウメイドウ》（北京）、楊紹誠《ヨウショウセイ》（南京）、繆秋笙《ビュウシュウセイ》（上海）の四人の人物のそれぞれ歩みをたどることで、各地域ごとに異なっていた中華基督教団をめぐる諸問題を概観してみたい。

一、「華北中華基督教団」と江川長および王明道

華北中華基督教団の成立過程

太平洋戦争勃発直後の一九四一年一二月半ば以降、興亜院華北連絡部文化局と華北政務委員会（華北地域の傀儡政権統治機構）は北京を中心とする教会の指導者を招集して「基督教座談会」

を開催し、「英米宣教会の基督教連合会を解散し、別の連合機関を作る」ことと「華北基督教連合促進会」を発足させるという構想を協議させた。翌年二月、北支那方面軍司令部は「在北支敵国系教会整理経営要領」を作成し「米英教権を一掃して我方に協力するものに限り之を合同統一して『華北中国基督教団』（仮称）を結成せしめ、支那側独自の基督教たらしむ。我方に協力することを肯せざる教会及団体は弾圧閉鎖す」という方針を打ち出した。こうした日本当局の圧力を背景に、「華北基督教連合促進会総会」が北京に設立され、「自立自養自伝の促進・華北中華基督教団の早期実現の促進・中国化基督教完成の促進」がその目的として掲げられた。その後、華北各地に同促進会の分会が設けられ、徐々に教団形成の準備が推し進められていった。こうして

一九四二年一〇月一五日、日本軍が占領していた華北全域（北京、天津、河北省、山東省など）を網羅する合同教会「華北中華基督教団」が設立され、中華衛理公会（メソジスト教会）監督の江長川（一八八四－一九五八）が主理（統理に当たる職務）、日本人牧師の村上治と織田金雄が同教団顧問となった（村上・織田は盧溝橋事件後にそれぞれ日本基督教会および日本自由メソジスト教会から北京に派遣され、邦人伝道に従事）。

江長川

華北中華基督教団の成立に際して、日本当局は特に敵国となった英米系の中国教会に対して、それぞれの宣教団体本部との関係断絶と教派解消を迫った。その際、当局は中国教会が二〇世紀初頭から推し進めてきた教会合同運動の用語「自立（自治）・自養・自伝」を引用し、こうした教会合同が中国教会の自主的決断であることを演出しようとした。当局は同教団を設立させることでキリスト教を一元的に統制し、「大東亜戦争記念平和祈祷大会」を開催させたり、「食糧増産運動」や「献銅献鉄運動」への動員協力をさせたりと、中国教会を大東亜戦争体制に組み込もうと目論んでいた。

江長川――真の合同教会を目ざして

一方では確かにこうした日本当局の思惑があったが、他方では華北中華基督教団はそれぞれの教派組織を「教団」という大きな「保護傘」のもとに保護・維持するという実際的機能をも果たしていた。各教会は同教団に加盟後、表向きは従来の欧米宣教団体の所属教派名を廃止し、すべて「華北中華基督教団〇〇堂」という名称に変更しなければならなかったが、例えばメソジスト教会は「華北中華基督教団前衛理公会華北年会・山東年会」、救世軍は「華北中華基督教団救世総堂」と、それぞれ教派としての実質的な枠組みを保持し続けることができていた。したがって、同教団の内実は連盟（あるいは日本基督教団設立当初の「部制」）に近いものだったといえる。

また同教団の主理となった江長川は「指導されるのではなく、我々が主導して行こう」と周囲に語り、日本当局の外圧に可能な限り抵抗する努力もしていた。華北の教会指導者たちが日本当局に召集され日本基督教団の教会憲法を真似て教会合同をするように指示された際には、江長川は他国の教会のものを押しつけられるのではなく、自身の憲法・規則を起草することを主張した。江長川は当局の外圧によってできた連盟的教会組織であったとしても、それが真の合同教会形成への足掛かりとなることを期待していたようである。戦後の中華全国基督教協進会のある記録には、次のような記述が見られる。

華北地域の少なくとも何人かの指導者たちは、華北中華基督教連合促進会によって増進した教会間協力を強制されたものと遺憾に思いながらも、そのような密接な協力関係の中から有機的に形成された真実で永続的な合同へ、そして他のキリスト教世界に対しても「真の指導性」を発揮するようなものへと神が導いて下さることに希望をいだいていた。

また江長川自身も戦後の会議の中で、次のように述べている。

当局がキリスト教に対して一つの教会を組織するように要求したとき、中国のキリスト者たちは日本当局の要請に大いに抵抗して自分たち独自の教会憲法を採用することを決めた。

それは有機的な合同教会ではなかった。そのため昨年〔一九四五年〕夏の日本降伏後、この華北のキリスト教合同組織〔華北中華基督教団を指す〕は解散した。しかし我々は南インドのような合同教会をなお切望している。

江長川も指摘しているように、華北中華基督教団は決して完全な形での合同教会には至っておらず、その内実は連盟的なものだったが、江長川が真の合同教会の形成をも夢見ていたことが見受けられる。政府当局の圧力による合同という側面がありながらも、そこになお真の合同教会形成の契機を見ようとする考え方は、当時の日本基督教団の成立に際して見られた日本の教会指導者の考え方に重なるものがある。

王明道

王明道―ユダの弟子になるべからず

華北地域の大半の教会・牧師が華北中華基督教団に加盟した中、一貫して同教団への参加を拒絶し続けた伝道者がいた。どの教派にも属さず、欧米の宣教団体の援助も受けない自立教会として北京で名の知られた基督徒会堂の王明道（一九〇〇－一九九一）である。

華北中華基督教連合促進会の成立前後から華北中華基督教団の成立に至るまでの期間、興亜院華北連絡部文化局の武田熙《ひろし》や同促進会の幹部、また同教団の顧問になった日本人牧師の織田金雄などが何度も王明道の説得にあたったが、王明道は次のような理由により促進会にも教団にも決して加盟しなかった。

私はこれまで、「教会は世俗と合流してはならない」、「神の働き人は不信仰な物の支配を受けてはならない」、「信仰篤き救われた教会は、不信仰者が権力を掌握しているような教会とは連合できない」、「神の真の働き人は偽預言者や偽教師と協力することはできない」と厳しく主張してきた。もし私が「華北基督教聯合促進会」に加入してしまえば、私はこれまで二十年近く国内各地で語ってきた信仰の証しを翻すことになり、そうなれば、どれほど多くの信徒たちが私の故に躓き、神の御名が私の故にどれほど大きく汚されることだろうか。私はそのようなことなどできないし、そのようにすることも耐えられない。私はこれまで二十年余りお仕えしてきた主を売り渡す勇気などなく、また裏切り者ユダの弟子になることなどに甘んじない。

王明道は教団加盟を拒否したことで自分自身が逮捕され教会も閉鎖されることを覚悟していたが、結果的には終戦まで教会閉鎖はなく、彼自身も無事に過ごすことができた。もちろん彼が抵抗の姿勢を貫いたことも理由として挙げられるが、日本当局が欧米宣教団体とは直接関係のない自立教会に対しては元より寛容政策をとっていたという要因も指摘できる。いずれにせよ、太平洋戦争中に華北中華基督教団への加盟拒否を貫き通せたことは、王明道にとっては信仰的勝利といえるものだった。この信仰的勝利の経験が、一九四九年以降に彼が共産党政権を背景とする三自愛国教会（第八章参照）への加盟をも拒否し続けようとした大きな原動力となったのだった。

二、「南京中華基督教団」と楊紹誠

南京中華基督教団の成立過程

華北地域と同様に華中地域にも「華中中華基督教団」を設立する構想があったが、実際には都市単位の中華基督教団形成に留まった。ここでは、南京の事例を紹介したい。

南京には従来、中国人牧師と欧米宣教師たちの協力機関「南京基督教協進会」が存在していた。日本軍の南京占領後、日本人居留民が増加したことに伴い、日本内地から日本基督教会の黒田四郎、聖教会の永倉義雄が派遣され日本人教会を設立し、また日本ＹＭＣＡ同盟からも安村三郎と末包《すえかね》敏夫（後に井口保男も加わる）が派遣され、南京日本ＹＭＣＡを設立した。これらの日本人キリスト者たちは「南京基督教連盟」を組織し、南京基督教協進会と接触し関係を築いていた。

南京中華基督教団成立大会 1943 年

太平洋戦争勃発後、南京特務機関は南京基督教協進会を解散させ、代わりに「南京日華基督教連盟」を結成させる方針を打ち出し、一九四二年三月二十三日、同連盟の創立大会が開催され、黒田四郎が会長、中国人牧師の楊紹誠（一八八九－一九八二）が副会長（二年目以降は両者交代）に選出された。同連盟の成立宣言には、「東亜民族解放の聖戦下、我等南京に在る日華基督教徒は、其の重大なる責務と使命とを痛感し、相協力提携基督教徒本来の基調たる愛と正義と犠牲の精神と信仰に則り、身を挺し以て大東亜共栄圏の確立に邁進せん事を期す」という文言が盛り込まれた。

　翌年一月から四月にかけて華中地域の教会合同を推進するため、日本基督教団の指導者の一人であった小崎道雄が中国に渡ってきた。一月末、小崎は南京でも中国人牧師たちに対する指導を実施し、その後楊紹誠を委員長とする教団成立準備委員会が組織された。そして一ヶ月間の準備期間を経て二月二十八日に「南京中華基督教団」の成立大会が開催され、楊紹誠が理事長、黒田四郎や阿部義宗《よしむね》など日本人牧師が同教団の顧問となった。

成立大会では日本総領事の好富正臣が、「今回の南京中華基督教団の結成をきっかけとして、英米依存を清算した中国基督教の自立自養自伝を目標に、全中国の基督教会並び信徒は一丸となって参戦中国の宗教報国の職域完遂に挺身されたい」という祝辞を述べるなど、同教団においても華北中華基督教団と同様に「自立・自養・自伝」のスローガンを前面に出すことで、中国教会の自発性を演出することが試みられた。

南京日華基督連盟は南京中華基督教団成立の前段階の組織だったが、同連盟は同教団成立後も解散することなく、両組織はその後も表裏一体の組織として種々の合同礼拝、修養会、特別宗教講演会、日華基督教徒親睦会、さらには完遂大東亜解放祈祷会などをも開催した。これらのことから、南京の日本当局が、南京日華基督教連盟や南京中華基督教団を大東亜戦争への協力体制に組み込もうと意図していたことが見てとれる。

楊紹誠

楊紹誠――被占領地域を生きたキリストに倣いて

南京日華基督教連盟や南京中華基督教団に深く関与した中国人牧師の楊紹誠は、アメリカの宣教団体を背景とする来復会（Advent Christian Church）に所属する牧師だった。同教派は中国全体では非常に小さな教派でしかなかったが、南京来復堂は、南京市内では中華基督教会や中華聖公会などの主要教会と肩を並べるほどの教勢をほこる有力な教会だった。また楊紹誠はアメリカ留学経験があり、英語に堪能であり、南京基督教協進会においても代表的な中国人牧師として知られていた。彼は日本の来復会教会とも交流があり、また南京に着任して来た黒田四郎などの日本人牧師とも英語で親交を結んでいたため、南京特務機関などの日本当局は彼を「親日派」と見なし、南京日華基督教連盟や南京中華基督教団の成立の際には彼を中国教会側の代表として担ぎ出した。

では楊紹誠は、なぜ日本当局の圧力によってできた連盟や教団に関与する決断をしたのだろうか。太平洋戦争勃発以後の楊紹誠に関する資料には限りがあるため当時の直接の言動を知ることはできないが、それ以前の彼の言動から彼の人格と行動原理をうかがい知ることができる。

日中戦争勃発後、日本軍は中国各地に激しい空爆作戦を展開し、南京も一九三七年八月から一二月までの間に何度も大きな空襲を受けていた。日本軍の南京侵攻の直前まで南京に留まっていた楊紹誠は、アメリカの来復会本部への報告の中で次のように語っている。

私たちの教会員のほぼ全員が、内陸地へと避難しています。残った人たちは、移動するお金さえない最も貧しい人たちです。このような助けを必要としている教会員のために、私はここに留まっています。私がここにいることが彼らを元気づけ、大きな励ましとなるのです。彼らは他の人たちと同様に、今こそ霊的な助けを必要としているのです。どうか私たちのために祈ってください。私たちの信仰のために、いつも祈っていてください。

さすがに日本軍の南京侵攻の数週間前には楊紹誠も近隣の都市に避難したが、彼は翌年春には「避難民たちのために働くことができるこの良い機会を活かすために、私は南京に戻らなければならない。市内に残っている教会員を訪ねたり、私たちの教会資産の管理をしたりすることができるかもしれない」と考え、日本軍占領下にある南京に帰還する決断をした。その後、彼は日本軍に荒らされた教会を整え直して礼拝を再開させたが、教会が日本軍駐屯地のすぐそばに位置していたため、教会員が礼拝のために教会にたどり着くのは容易でなかった。そのため、彼の友人は礼拝場所を他の安全な場所に移したらどうかと助言をしたが、彼は次のような理由を述べてその助言を退けた。

なぜならイエス様とその弟子たち、そして初代のキリスト者たちのことを思ったからです。彼らもまた、占領された地域で歩みました。彼らは、残酷なローマの兵隊たちに侮辱されました。私たちもキリストの弟子であるならば、その同じ道を歩み、私たちの十字架を担わなければなりません。今こそ、自分自身で説教してきたことを実践するときです。

こうした楊紹誠の言動から、彼が教会を守り、信徒たちを霊的に配慮し、避難民の救済をすることに心血を注いでいた様子を知ることができる。キリストがローマ軍占領下であるイスラエルに留まっていたのと同様に、楊紹誠は自らもキリストに倣いて日本軍占領下に留まり続け、「十字架を担う」ことを決断していたのだった。彼が日本軍の圧力のもとに成立した南京日華基督教連盟や南京中華基督教団の非常に微妙且つ困難な役職を引き受けた背景には、教会を維持し信徒たちを守り導こうとする彼のこうした「牧会者」としての動機があったと考えられる。

三、未完の「華中中華基督教団」と繆秋笙

華中日華基督教連盟の成立過程

華中地域の宗教政策を統括していた中支宗教大同連盟は、仏教に関しては華中各都市に「日華仏教会」を早期に設立させたが、キリスト教に関しては太平洋戦争以前には中国教会が欧米宣教団体と密接な関係にあったため、こうした日中合同の組織結成は非常に困難だった。一九四一年十二月に太平洋戦争が始まり欧米キリスト教宣教師たちの介在がなくなった後に、中支宗教大同連盟はようやく中国教会に影響力を行使できるようになった。その結果、一九四二年八月末までに、上海、南京、蘇州、太倉、崑山、鎮江、蕪湖、杭州、常熟、無錫、丹陽、楊州、蚌埠、平望など少なくとも十四都市（一九四四年十月末までには十六都市に増加）において、都市レベルの

日華基督教協議会（「協和会」、「連盟」と種々の名称）が結成された。これらの諸組織は日本人教会と東亜伝道会の教会が既に進出していた各都市に結成され、それぞれの都市で活動する中心的な日本人牧師と中国人牧師が主要な役職に就いた。例えば、上海日華基督教協議会では、上海中日教会の古屋孫次郎が会長、中華聖公会江蘇教区主教および上海聖ペトロ教会牧師の兪恩嗣《ユオンシ》が副会長となった。

華中各地で都市レベルの日華基督教連盟が結成された後、一九四二年八月二六日に華中全域を網羅する「華中日華基督教連盟」の結成式が執り行われた。既に中支宗教大同連盟理事長として上海で活動していた阿部義宗が会長に就任し、兪恩嗣と黒田四郎が副会長となった（後に兪恩嗣の健康問題から、繆秋笙が彼に代わって副会長となった。兪恩嗣は一九四四年春に死去）。

華中日華基督教連盟の結成記念大会では、「中国基督教会合同に関して自給独立及合同、日華提携と伝道教化」を盛り込んだ宣言文や「一層華中に於ける日華基督教徒の協力提携を図りて福音の実践に努め、興亜の鴻業達成のため協心戮力職域奉公精励せんことを誓う」という宣誓文が読み上げられた。

このように華中日華基督教連盟は、華中全域を包含する「華中中華基督教団」を結成させるための布石として結成されたものだった。

繆秋笙――外圧による教会合同への否！

しかしながら「華中中華基督教団」構想は、実際には実現しなかった。華北地域で華北中華基督教団が成立した背景は既に述べたとおりだが、ではなぜ華中地域では都市単位の中華基督教団にとどまり、華中中華基督教団が成立しなかったのだろうか。一つの理由として、華中地域のキリスト教の中心である上海において「上海中華基督教団」が結成されなかったことが、大きな要因と考えられる。

繆秋笙

そしてこの上海において鍵を握っていた人物が、中華全国基督教協進会の臨時総幹事の繆秋笙（一八九四－？）だった。彼はバプテスト教会の背景を持ち、中華基督教宗教教育促進会（National Committee for Christian Religious Education in China、一九三一年七月に上海で成立）の執行幹事としてキリスト教教育事業において活躍するなど、当時の上海で最も影響力があった指導者の一人であり、華中日華基督教連盟では兪恩嗣の後任として副会長に選出されるほどだった。

日中戦争勃発後、中華全国基督教協進会の指導者の多くが西部地域に避難してしまったため、特に太平洋戦争期には、繆秋笙が日本軍の監視の下で協進会の上海本部の働きを固守しなければならなかった。彼は戦後の報告の中で、「私は砦を守るためにただ一人取り残されました。幾度となく孤独を感じ、『我が神、我が神、なぜ私をお見捨てになったのですか』というイエスの言葉を何度思い起こし黙想したことでしょう」と、当時の苦悩を吐露している。
繆秋笙は協進会の土地建物を管理したり重要な書類・書籍を日本軍の監視や取り締りから保護したりするだけでなく、日本側からの教会合同の圧力に対しても抵抗しなければならなかった。彼は戦後の報告書の中で、戦時中に経験した複数の危機について触れながら、教会合同に関して次のように述べている。

四番目の危機は、侵略的な日本当局と日本人のキリスト教指導者たちの両者が占領地域での教会合同の計画を実施しようとしたことだった。当然、彼らはこの計画を推進するための協力を我々協進会に期待しており、新しい合同教会が組織された後には協進会の建物を本部とすることまでも計画していたほどだった。我々は教会合同が良いものであると信じてはいるが、どのような教会合同も外圧によっては決して成功しないという立場を堅持した。

繆秋笙のほかにも、黎照寰《レイショウカン》（上海交通大学学長）など、他の上海の指導者たちの抵抗も見られた。一九四四年六月、華中地域の教会合同を更に推進するために、日本基督教団東亜局局長となった小崎道雄と同局顧問の松山常次郎が上海にやってきた。中国教会の指導者たちを集めた「日華基督教指導者霊交会」の場で、松山は「強力なる合同を目ざして此れが促進を計るべき。東亜共栄圏の建設は基督教精神をもってのみ可能。交渉の相手として統一教団の生まれる必要がある。東亜共栄圏を建設するためにも、その基底として先ず大東亜基督教連盟の結成を必要とする」といった趣旨の講演をおこなった。

これに対して黎照寰は、「中国における宗教史にあっては、宗教と政治が妥協し、これに便乗したる時代はあった。一時それによって非常に栄えたかの如く見えたが、永い眼で見た時にはむしろ弊害のみ多く、宗教運動としての発展はなかった事を歴史の事実が示している。我々は此の轍を再びふみたくはない。宗教は何処までも内的な生命的なものでなければならぬ。松山氏の説は多分に宗教と政治を混同して居られるように見られる」と、松山に激しく反論した。

このように、繆秋笙や黎照寰など上海の教会指導者たちの日本当局や日本の教会指導者に対する抵抗は、上海のみならず華中地域全体に影響を与えるものであり、その結果「華中中華基督教団」の構想は実現されないまま戦争は終わりを迎えたのだった。

四、日本人牧師の役割

阿部義宗──板ばさみの「仲介者」

日本軍占領下および傀儡政権下においては、さまざまな機関に日本人顧問が配置されていたが、すべての中華基督教団にも、日本軍当局と同教団の「仲介者」として必ず数名の日本人牧師が「顧問」として名を連ねていた。同教団そのものが大東亜戦争への加担と教会保護という両側面を持っていただけに、その顧問となった日本人牧師たちの働きも日本軍への協力と中国教会支援という両側面を持っており、それらを単純に非難することも称賛することもできない。日本人牧師たちの同教団への関与の仕方も考え方も同一ではなかったため、それぞれのケースを慎重に検証する必要がある。以下ではこの日本人顧問牧師の代表例として、阿部義宗（一八八六－一九八〇）をとりあげてみたい。

阿部義宗

日本メソジスト教会の最後の監督であり日本基督教団創立総会の議長も務めた阿部義宗は、日本のキリスト教界で最も有力な指導者の一人だった。彼は日本基督教団が成立した後、一九四一年末に上海に派遣され、特に華中地域の宗教政策を統括する中支宗教大同連盟の理事長職や同連盟基督教部の部長職を務めたり、華中日華基督教連盟の会長や南京中華基督教団の顧問を務めたりした。

戦後に中国人キリスト教徒に対する綿密な聞き取り調査を行ったリチャード・ベーカーは、「阿部義宗が自分自身の働きによって日中両国のキリスト者の関係を深められると期待しつつ日本から中国に渡ったということに関して、私は疑いを持っていない。そのような働きは、国境を越えたキリスト者の交わりを望む彼の気持ちや『仲介者』としての務めをなさんとする思いと一致しており、彼は誠実だったと私は思う」と述べている。

上海における阿部の諸活動の一部始終を知るある宣教師は、次のような報告書を本部に書き送っている。

阿部義宗は、中国における教会合同運動を推進している。誰からも好まれない立場にある彼は、何と哀れなことか。彼は軍からは事を遂行するように迫られながらも、真のキリスト教信仰を維持させようと試みている。しかし中国人からは、絶対的に必要であること以上のことをしていると疑いの目で見られ、また自身の日本の教会からは、「多方面から押され過ぎである」と批判されている。

以上の証言から、阿部義宗が日本当局と中国教会の「仲介者」としての務めを果たそうと努力しつつ、苦悩していた様子をうかがい知ることができる。

しかし、一方では確かに彼には中国教会保護という善意的意図があったにせよ、他方では次のような意識も持っていた。

永い間米英ミッションの翅下《しか》にあった中国基督教会は、大東亜戦を契機として彼等の桎梏《しっこく》から脱却する喜びと共に、自主・自養への新生の苦しみを嘗めている。（中略）我々が希求するところは支那教会から米英を駆逐するだけが最後的目的ではない。米英の桎梏を脱した彼等をして、真に自主的な教会たらしめ、さらに東亜建設に対する協力精神に目覚めしめることである。（中略）ただ彼等の奉ずるキリスト教なるものが、多分に英米的な歪められた基督教であったがために、今日の支那を招来したのである。しかしいまや支那の教会は揺いでいる。古きを捨てて新しき東亜の理念に立つ新生基督教の樹立を目指して巨きく動きつつあるのだ。この大きな動きに対して今こそ日本基督者が恵みを注入しないならば大東亜建設を築くことは出来ない。

行動においては中国教会を支援・保護する働きをしていた阿部義宗だったが、同時に大東亜共栄圏建設を肯定・擁護する見解を持っており、しかも彼は、より優れた日本の教会が劣っている中国教会に対して「恵みを注入」するという優越意識を持っていたのだった。

江長川の日本人牧師評価

華北中華基督教団の主理となった江長川は、阿部義宗をはじめとする日本人牧師たちをどのように見ていたのだろうか。江長川はベーカーのインタビューに対して、次のように答えている。

中国にいたすべての日本人は、派遣されて来ていた。彼らの来華には、日本の国家的目的があった。真の宣教師というものは人々に客観的に有益になることのためにやって来たり、自らの宣教的動機を実現させるためにやって来たりするものである。しかしこれらの日本人宣教師たちは、彼らの国益のためにやって来ていた。日本が中国を侵略する権利があるという彼らの誤った前提は、決して問われなかった。彼らの多くは友好的であり、彼らは我々を大変援助してくれた。彼らの中には、「国益」というものを軍の解釈とは真反対に解釈する者もいた。しかし彼らすべての者の意識の中では、国益というものが極めて強かった。

江長川は日本人牧師たちの多くが友好的であり中国教会を援助してくれたことを認めつつも、彼らが日本軍の中国占領を前提としており、「中国の国益」よりも「日本の国益」を過度に重視していた問題を指摘している。

おわりに

中華基督教団をめぐる歴史は中国でも長年語られることなく、近年ようやく少しずつ研究がなされるようになってきたばかりだ。日本の占領地域や植民地における教会合同は、華北中華基督教団や南京中華基督教団のほか、満洲基督教会、香港基督教総会、日本基督教朝鮮教団、日本基督教台湾教団などの事例があるが、いずれにおいても日本基督教団が関与していたという点では、これらの合同教会の歴史が日本キリスト教史の一部でもあることは否定しがたい。

中華基督教団、それは中国キリスト教史と日本キリスト教史の一つの交差点でもある。この歴史は日中キリスト教関係史の重要な一頁として記憶されるべきだろう。しかし日中双方のキリスト教を最も接近させたのがアジア・太平洋戦争だったことは、歴史の大きな皮肉である。

第八章　中華人民共和国におけるキリスト教

——一九四九年から現在まで——

はじめに

今日、急成長と迫害の両側面の状況にある中国キリスト教に、世界中が注目している。しかし、中国キリスト教が一九四九年の中華人民共和国建国以後の激動の時代をどのように歩んできたのかを語りつくすことは、容易ではない。そこで本章では、呉耀宗《ゴヨウソウ》（一八九三―一九七九）・王明道《オウメイドウ》（一九〇〇―一九九一）・丁光訓《テイコウクン》（一九一五―二〇一二）といった特に重要な三人の人物が歩んだ道をたどることで、中華人民共和国のプロテスタント・キリスト教史を概観してみたい。

一、一九四九～一九七六年　社会主義革命下における中国キリスト教

三自愛国運動委員会の発足とキリスト教の隘路

一九四九年、中国共産党により中華人民共和国が建国された。建国当初、共産党政権は幅広い社会層の支持を集めるために比較的寛容な統一戦線政策をとっていた。暫定憲法にあたる共同綱領にも信教の自由が盛り込まれ、キリスト教を含む諸宗教にも一定の自由空間が与えられていた。キリスト教界内部からも積極的に共産党政権と交渉する動きが見られ、ＹＭＣＡの指導者の一人だった呉耀宗を中心とする複数のキリスト者が宗教界の代表として全国人民政治協商会議のメン

バーとなり、周恩来とも数回にわたる会談を重ねるなどしていた。一九五〇年、呉耀宗をはじめとする四十人のキリスト教界の代表者が、連名で「中国基督教会宣言（革新宣言）」を起草し、共同綱領の支持とアメリカ帝国主義との断絶を宣言した。

朝鮮戦争開始以降、反米主義が中国内で一気に広まり、このことにより欧米キリスト教宣教師たちはほぼ全て、国外退去を余儀なくされた。その後、共産党政権による社会全体の一元的統制が次第に強まり、さまざまな政治運動（三反五反運動、反右派闘争、大躍進運動など）にふりまわされながら、キリスト教が存在できる自由空間は徐々に狭められていった。

一九五四年、「中国基督教三自愛国運動委員会」（以下では便宜上、「三自愛国教会（註）」と略記する）が成立すると、神学的に進歩的な教派（いわゆる「主流派教会」）から保守的な教派（い

（註）「三自」は、十九世紀末から提唱されてきた「自治・自養・自伝」という教会の自立運動を指す用語。「三自愛国教会」という呼称は、一九五四年以降に三自愛国運動委員会に加盟した教会群を指し、また一九八〇年以降は、同委員会と中国基督教協会の二つを合わせた「両会」に属する教会群を指す用語である。したがって、三自愛国教会という「教会（the church）」あるいは「教派」が存在しているわけでは決してないことに注意しなければならないが、中国語圏でも便宜上しばしば使われる用語であるため、筆者も本稿でこの用語を用いることとする。このほか、「三自教会」「三自会」「三自愛国会」などの呼称が使用されることもある。

わゆる「福音派教会」）までほぼ全教派が、それぞれの教派組織を残したままこれに加盟した。一九五二年には華東・華中地域の十数の神学校の統合により金陵協和神学院（院長：丁光訓）が南京に設立され、華北地域の燕京協和神学院もやがてそれに吸収合併となった。十三のキリスト教大学をはじめとするキリスト教教育機関は、すべて閉鎖、あるいは国立学校に吸収合併された。各教派組織は五〇年代後半まで存続し続けていたが、大躍進運動が始まった一九五八年頃になると、「連合礼拝」という名のもとに教派解消および教会統合が推し進められ、北京・上海・南京などの場合、それぞれ教会堂が数ヶ所に限定された。三自愛国教会への加盟を固辞していた北京の著名な伝道者・王明道に対する圧力が強まったのも、この時期である（後述）。

一九六六年に文化大革命が始まると、三自愛国教会に所属していた教会や神学院であってもすべて閉鎖に追い込まれ、キリスト教は目に見える形では社会から姿を消すこととなった。牧師や教会指導者たちが投獄や農村下放される中、信徒たちは家庭や野原や山で秘密裏に礼拝をおこない、信仰の火を灯し続けた。政治的理由また資料不足の理由などから、文化大革命中のキリスト教の状況に関しては、今後の詳細な研究が待たれる。

呉耀宗──社会主義革命に翻弄された生涯

この時期の三自愛国教会の指導者として名が知られている呉耀宗は、いったいどのような人物

呉耀宗

だったのだろうか。彼は青年時代に北京のＹＭＣＡでキリスト教に触れて洗礼を受け、その後もＹＭＣＡで働き、また「唯愛社（Federation of Reconciliation）」に加盟し平和運動にもかかわっていた。一九二四年から二七年にかけてアメリカのユニオン神学校とコロンビア大学で学び、帰国後に上海のＹＭＣＡで働き始めた。一九三一年に満洲事変が勃発し、日本の中国侵略が強まってくると、彼の絶対平和主義は揺らぎ始め、やがて抗日救国運動に身を投じるようになった。彼は日中戦争期の大半は中国内陸の成都で過ごし、その間、主著『没有人見過上帝（いまだかつて、神を見た者はいない）』を執筆したり、重慶において周恩来と接触したりもした。

呉耀宗が一九四九年以降に共産党政権を肯定的にとらえようとしていた背景として、一九二〇年代から四〇年代にかけての彼の思想を理解しておく必要がある。第一に、絶対平和主義から武力革命肯定への変遷である。呉耀宗は二〇年代には「唯愛主義」すなわち非暴力的絶対平和主義の立場をとり、当時影響力を増しつつあった中国共産党の武力革命に対しては反対を表明していたが、満洲事変以降には「唯愛的革命も武力を用いる共産主義革命も目的は同じであり、手段が違うだけだ」と武力革命を肯定するようになり、抗日運動にも積極的に参与するようになってい

毛沢東と会談する呉耀宗　1950 年

た。第二に、社会福音（Social Gospel）への傾倒である。呉耀宗は二〇年代から三〇年代にかけて社会福音の提唱者であるウォルター・ラウシェンブッシュ（一八六一－一九一八）の影響を受け、彼自身も『社会福音』という表題の書物を執筆していた。こうした社会福音の影響が、彼の社会主義への共鳴の素地となったと言える。第三に、神を「宇宙の力」と理解する神観念である。彼は「基督教と唯物論」（一九四七年）と題する一文の中で、神を客観的に実在する内在的な「宇宙の力・真理」と規定し、「それはマルクス主義者がこれを否定しても存在するのであり、実際上、マルクス主義者は宇宙・人生に及んでいる『一種の力』を信じていると主張し、この『力』を神とは言わずに弁証法と言っている」と述べていた。その上で彼は、唯物論とキリスト教は中国において相互補完的であり、共存することができることを強調していた。

このように呉耀宗は、一九四九年以前に既に共産主義・社会主義をある程度受け入れていたのだった。そしてこのことが後に彼が共産党政権に接近した理由であり、また同政権が彼を三自愛国教会の主席として担ぎ出した理由と言える。中華人民共和国建国の直前、呉耀宗は、キリスト教が今後いくつかの困難に直面しなければならないことを意識しながらも、「真のキリスト教が信仰の自由の原則の下、搾取や圧迫のない環境の中にあって、更に多く、更に大きく発展する機会があるだろうことを信じている」と述べるなど、共産党政権・社会主義制度とキリスト教を共存可能な相互補完的なものと考えていた。このような考え方は、その他の神学者や教会指導者たちの中にも見られ、著名な主流派神学者・趙紫宸《チョウシシン》（一八八八－一九七九）や福音派神学者・賈《カ》玉銘《ギョクメイ》（一八八〇－一九六四）も建国当初は中国共産党政権に対して肯定的・楽観的な姿勢をとり、三自愛国教会に加盟していた。

呉耀宗は共産党政権に追従した日和見主義者・裏切り者「ユダ」であるという批判もあるが、彼は一九五六年、政府が掲げている宗教自由政策が不徹底であり、特に地方政府の中にはキリスト教に対して不当な取り扱いをするケースがあるという不満を吐露し、政府に対して改善要求をするなどの努力もしていた。また文化大革命中、呉耀宗もある批判集会で激しく糾弾され、「お前のキリスト教の聖書が偉大か、それとも毛沢東思想のほうが偉大か」と罵のような問いがなされたが、彼は「〔毛沢東の〕大著四巻は世界革命を指導するものですので、私は毎日真剣に学んでおり、大変助けになっています。しかし、私個人の信仰にとっては、聖書がやはり偉大だと思っています」と答えたと言われている。

共産党政権下でのキリスト教の存続の可能性を信じていた呉耀宗の楽観的期待は、裏切られる結果となった。文化大革命が終わり、教会の礼拝再開が始まった矢先の一九七九年、呉耀宗は世を去った。彼の長男・呉宗素《ゴソウソ》は父親を回想する中で、彼が預言者的人物と称賛されることも不信派（信仰なき者たち）と非難されることもいずれも的外れであるとして、次のように述べている。

父は、思索者であり理想主義者だった。救国救人を己の務めとし、キリスト教の立場から社会主義革命という後戻りのできない道を歩んだ。だが同胞たちからはほとんど理解を得ることができず、かえって教会内外から、また右派・左派の両方から多くの批判・反対を受けたことには、嘆息を禁じ得ない。父は、悲劇的な歴史人物だった。

王明道――我ら信仰のゆえに

王明道も、呉耀宗とは別の意味で悲劇的な歩みを余儀なくされた伝道者だ。彼はクリスチャンの家庭に生まれ、ロンドン伝道会系の学校で学ぶ中で洗礼を受けた。しばらく教師をした後、二十歳の時に伝道者となる召命を受け、独学で聖書を研究し、二十四歳の時に自宅で聖書研究会を始めた。彼が設立した「基督徒会堂」はどの教派にも属さない独立教会だったが、彼自身は中国各地の諸教派の教会の伝道集会に頻繁に招かれるほど名前が知られていた。彼は個人誌『霊食季刊』を約三十年間も発行し続け、多くの教会・伝道者に影響を与えた。

太平洋戦争中、日本当局は占領下の中国教会に欧米教会との関係断絶と教会合同を促し、華北地域では日本基督教団に模した「華北中華基督教団」が設立された。ほぼ全教会が同教団に加盟する中、日本当局や同教団の主要な牧師たち、また同教団顧問の日本人牧師などが、王明道をも加入させようと説得にあたった。決断を迫られた王明道は当局に対し、「私個人は、自分の教会以外にはいかなる団体・組織にも決して属さない。私の牧する教会も、いかなる団体・組織とも決して合同しない」と明言し、加盟を断固拒否した。彼は自身の逮捕と教会の閉鎖を覚悟したが、その後、戦争終結まで伝道活動を継続することができた（第七章参照）。

王明道は一九四九年以降も信仰に妥協しない姿勢を貫こうとし、三自愛国教会に加わることを拒否し続けた。一九五五年、彼は『霊食季刊』に「我ら信仰のゆえに」という一文を掲載し、三自愛国教会の呉耀宗や丁光訓を「不信派」と名指しした上で、次のように痛烈に批判した。

　　これらの人は、決して信仰など持っていない。彼らはイエスを信じておらず、キリスト者ではない。しかし彼らはキリスト者を装って教会に紛れ込み、もっともらしい虚構の道理を語り、信徒を迷わせてその信仰を壊そうとしている。

王明道の呉耀宗・丁光訓批判は、彼らの聖書観をはじめとする比較的進歩的な神学に対して向けられたものだったが、これは二十世紀初頭にアメリカで始まった「ファンダメンタリスト・モダニスト論争」の中国版とも言える。王明道の三自愛国教会への加盟拒否は、単に政治的判断というより、むしろ信仰的立場に基づく決断であり、それゆえに彼は上記の一文を「他の人がどのように〔聖書を〕歪曲・中傷しようとも、我ら信仰のゆえに！」と結んでいる。

これに対して政府当局は、三自愛国教会を通して激烈な王明道批判キャンペーンを展開し、呉耀宗と丁光訓も機関紙『天風』に王明道批判の一文を掲載した。やがて彼は「反革命」の罪で逮捕され、四百日ほどの間に数十回の尋問が行われた。精神的に衰弱しきった王明道は、意に反して罪を認めさせられ、三自愛国教会に加わることを約束させられた上で釈放された。その後、彼はかつて中華基督教団への加入の圧力に対しては抵抗し続けることができたにもかかわらず、今回は虚偽の自白・約束をしてしまったという自分自身の妥協・挫折に対して良心の呵責を覚えて苦しんだ。一年近く悶々とした末、結局彼は三自愛国教会に加盟することなく、一九五八年に再び逮捕され、その後約二十年間も投獄されることとなった。牢獄の中では聖書を所持することが許されなかったが、彼は心の中で暗記していた聖書の言葉や讃美歌により、信仰を保ち続けた。

丁光訓

丁光訓—社会主義祖国への帰還

丁光訓は一九五一年末、スイスのジュネーブから祖国中国に帰国した。彼は寧波で聖公会の背景を持つ家庭に生まれ（外祖父も牧師）、キリスト教学校として著名な上海の聖約翰《セント・ジョーンズ》大学で一九三七年から四二年にかけて一般学科と神学を学び、卒業後に中華聖公会の執事の任職を受けた人物である。太平洋戦争中には上海ＹＭＣＡ学生部幹事として働き、戦後はカナダＳＣＭ（Student Christian Movement）の幹事として働き、その後一九四七年から四八年にかけてコロンビア大学とユニオン神学校で学び、神学修士号を取得し、四八年から五一年はジュネーブのＷＳＣＦ（World Student Christian Federation）の幹事として働いていた。中華人民共和国建国後、ＷＣＣ（World Council of Churches）の総幹事ヴィサートーフト（Visser't Hooft）をはじめとする友人たちは、彼に帰国しないでそのまま海外にいるよう勧めた。彼自身もどうすべきか迷っていたが、最終的には一九五一年末、社会主義国家となった祖国に戻る決心をしたのだった。

丁光訓には上海ＹＭＣＡ時代に龔普生《キョウフセイ》という上海ＹＷＣＡの知人がいたが、彼女の妹の龔澎《キョウホウ》は周恩来の秘書をしていた。丁光訓は帰国後間もなく、この龔姉妹と呉耀宗の仲介で周恩来より食事に招待され、長時間の会談を持つ機会が与えられた。周恩来は丁光訓の指導者としての資質を評価し、それ以後周恩来は彼の力強い後ろ盾となった。彼はその後、上海の広学会（キリスト教出版社）の総幹事としてしばらく働いていたが、一九五三年には新たに開校したばかりの金陵協和神学院の院長に抜擢され、五四年には三自愛国運動委員会の常務委員に選出され、また五五年には中華聖公会浙江教区・山東教区の主教に任職されるなど、広範囲にわたる働きを担っていた。

彼は若き頃に社会奉仕にも熱心な教会として知られていた聖公会の上海聖ペトロ教会に所属し、その後もYMCAで働いていたこともあり、キリスト教と社会正義の問題に高い関心を持っていた。こうした背景もあり、彼もまた呉耀宗と同様に、平等を標榜する社会主義の理念に対して一定の理解と期待をもっていた。しかし呉耀宗と異なるのは、丁光訓は中華聖公会の聖職者として教会に対する関心や使命感がより強かった点だ。彼は王明道に「不信派」と批判されたように神学的には進歩的な側面も確かにあったが、同時に聖公会の伝統的神学をも保持していた。また五〇年代から六〇年代にかけての丁光訓は王明道批判に若干の関与をしたものの、呉耀宗ほど政治的場面で前面に出ることはあまりなく、むしろ金陵協和神学院での神学教育や海外教会との関係再構築に特に力を入れていた。

一九五六年から五七年にかけて、毛沢東の指示により一時的に言論の自由を推奨する「百花斉放・百家争鳴」が展開されると、多方面から共産党政権に対する批判や不満が噴出した。前述の呉耀宗による政府の宗教政策に対する批判がなされたのもこの時期だったが、丁光訓もまた同時期に「キリスト教有神論（Christian Theism）」という講演論文を発表し、いわゆる「宗教アヘン論」に対して「唯物論が唯心論に必ずしも優っているというわけではなく、相互に補い合うことができる」「宗教だけが人を麻痺させるわけではないはずだ」という趣旨のキリスト教弁証をおこなった。丁光訓のこの論文は彼の信仰・神学の本質が表れている最も優れた論考の一つと言えるが、彼はこの論文のゆえに後に教会内外の極左グループから批判を浴びることになり、それが影響してか九〇年代に出版された『丁光訓文集』には同論文が収められていない。いずれにせよ、丁光訓もまた社会主義・無神論国家において唯心論・有神論的キリスト教がなお存在の余地があり、弁証可能だと考えていたのだった。

やがて文化大革命の嵐が訪れた時、丁光訓は周恩来の特別な保護により大きな難を免れることができた。周恩来は文化大革命が収束した後の社会秩序回復を念頭において重要な人物や文化財などを可能な限り保護したと言われているが、彼はキリスト教界の将来を担うリーダーとして丁光訓にも期待を寄せていたのだった（もちろんそれはキリスト教を利用・懐柔する統一戦線的意図をもってだったが）。

二、一九七六～一九八九年　改革・開放政策期における中国キリスト教

中国キリスト教の再出発

一九七六年は毛沢東や周恩来の死去、四人組の逮捕などが相次ぎ、一つの時代の終焉と新しい時代の幕開けとなった。やがて実権を握った鄧小平により改革・開放政策がとられ、政治改革・経済改革が推し進められた。一九八二年、中国共産党中央書記処が、宗教政策に関する重要文書

「我が国の社会主義時期の宗教問題に関する基本観点と基本政策」(通称「十九号文件」)を作成した。そこでは宗教がやがては消滅するという従来のマルクス主義的宗教観を継承しつつも、過去の急速な強制的手段による消滅政策は誤りであったことを認め、その上で、今後は長期的政策として宗教信仰の自由を保障し、社会主義建設と祖国統一のために宗教の積極的要素も活用するという方針が盛り込まれた。同文書ではプロテスタントの信徒数が三百万人とされており、一九四九年の建国時には百万人だったのが、文化大革命以後には大幅な増加となっていたことが分かる。

このような一定の宗教寛容政策に舵が切られたことに伴い、キリスト教を含む諸宗教の活動が再開し始めた。一九七九年、寧波・上海を皮切りに全国各地で礼拝が再開され、一九八〇年には第三回全国基督教大会が開かれ、キリスト教界も徐々に文化大革命の混乱と打撃から立ち直り始めた。同大会では「三自愛国運動委員会」のほかに、主に教会内の教務の働きを担う「中国基督教協会(China Christian Council)」が新たに設置され、これ以降、これら二つの組織は「両会(二つの会)」と呼ばれるようになった。両会は伝道者育成にも力を入れ始め、八〇年代半ば頃までには金陵協和神学院のほか燕京神学院、東北神学院、華東神学院、広州協和神学院など九校が相次いで再開あるいは新設された。またこの時期に、聖書印刷や社会福祉を担う組織として「愛徳基金会」も設立された。全国で約四千の教会が再開あるいは新設され、その他一万七千ヶ所の集会所が開かれるまでになっていた。

全盛期の丁光訓―教会改革の試み

文化大革命終結後、教会や神学院が再開するまでの期間、丁光訓は全国人民代表大会および全国人民政治協商会議の宗教界代表の一人として政府との諸交渉の働きを担うとともに、南京大学宗教研究所の所長となり金陵協和神学院の元教師たちを呼び集め、神学院再開の前段階となる研究の場を設けた。一九八〇年の第三回全国基督教大会以来、丁光訓は三自愛国運動委員会主席、中国基督教協会会長、金陵協和神学院院長とほぼすべての重職の最高責任者を務め、改革・開放期の中国教会を牽引した。

八〇年代、彼は「三自」の理念を単に口だけでなく、より実際的に「治好（教会を良く治める）」・「養好（教会を良く養う）」・「伝好（良く伝道する）」すべきであるという「三好」を提唱し、中国語で「辦好教会（教会を良く運営する）」と呼ばれる一連の教会改革に熱心に取り組んだ。彼は三自愛国運動委員会のような政治性の強い組織では教会の教務（神学教育、職制など）を担うことができないことを十分に理解しており、教会改革の第一歩として教務を担う中国基督教協会を設立したのだった。しかし旧教派が異なる諸教会の集合体である両会組織においては信仰も職制も整っておらず、教会論を重んじる聖公会の背景を持つ丁光訓にとって、両会は決して「教会（the church）」と言えるようなものではなかった。彼は、「両会」は将来的に真の教会を建て上げるための「足場」にしか過ぎない、と考えていたのだった。一九八六年の第四回全国基督教大会の閉会説教で、彼は、次のように語った。

教会は三自愛国組織の下に属するものではない。教会はキリストの体であり、復活の主が住まわれるところであり、代々にわたる聖徒の交わりである。教会こそが主体であり、三自愛国運動委員会と中国基督教協会はある歴史的条件の下での産物であり、教会に仕える組織である。

また、政府の政治改革のプロセスの中で「党政分離（共産党と政府の分離）」が議論されていたことを背景に、丁光訓は同じく全国人民代表大会・全国人民政治協商会議のメンバーでもあった仏教界のリーダー趙朴初《チョウボクショ》（一九〇七－二〇〇〇）と共に「政教分離」の必要性をも政治の舞台で訴えていた。一九八九年春、北京を中心に学生・市民による民主化運動が起こると、丁光訓は全国両会の主席・会長の名で学生を支援する声明を発表し、政府に対して学生との対話に応じるように求めるなど、政治改革に大きな期待を寄せていた。このように彼は中国政治の改革の流れを支持しつつ、教会内の大改革に取り組んだのだった。しかし三自愛国運動委員会の古参幹部（老三自）たちの猛反対、そして何よりも六月四日の天安門事件で民主化運動・政治改革に歯止めがかかったことにより、丁光訓の教会改革の思惑も外れてしまった。

晩年の王明道—名誉回復への悲願

　王明道は、二十年以上におよぶ獄中生活を経て一九八〇年にようやく釈放され、その後、上海の長男のもとに身を寄せた。すでに視力も体力も衰え、かつてのような伝道活動・執筆活動をすることはできなかったが、家族を含め四、五〇人の小さな家庭集会を守り、そこで説教を続けた。王明道の著書は彼の投獄中に香港や諸外国で出版され続け、出獄時には既に国際的にもその名は知れ渡っていた。彼の出獄を聞きつけた中国内外のキリスト教各界からの訪問が相次ぎ、一九八八年には世界的に著名なキリスト教伝道者、ビリー・グラハム（一九一八－二〇一八）も王明道と面会した。

ビリー・グラハムと会談する王明道　1988 年

　文化大革命後、キリスト教関係者を含めかつて反革命罪・右派などのレッテルを不当に貼られた人々の名誉回復がなされたが、王明道は名誉回復がなされないままの出獄だった。そのため、彼の晩年の悲願は、自身の無実の罪が晴らされることだった。そこで彼は名誉回復を訴える陳情書を作成し、最高人民法院（裁判所）に提出した。彼はその中で、三自愛国教会に加わらなかったことが「非愛国」とされたことについて触れ、「国とは人がいて初めて成り立つ」という理解に立った上で、次のように問うている。

「隣人を愛する」ような人が、「非愛国」であることができるでしょうか？私が説いてきた言葉や書いてきた文章はすべて、人に貢献する有益なものであるのに、どうして私が非愛国などといえるのでしょうか？……三自愛国会主席の呉耀宗と三自愛国会に反対の王明道と、二人のうち一体どちらが真の愛国なのでしょうか？

しかし、このような度重なる陳情にもかかわらず、名誉回復がなされないまま、王明道は一九九一年に九十一歳で生涯を終えた。

三、一九八九年〜二〇一三年　高度経済成長期における中国キリスト教

晩年の丁光訓―未完の教会改革

丁光訓は天安門事件後も失脚することなく政界におけるキリスト教界の代表であり続け、また両会の主席・会長として教会内の指導者でもあり続けた。一九九七年には両会の名誉主席・会長になるものの、金陵協和神学院の院長職には留まり続け、教会に対する影響力をなおも保持し続

江沢民国家主席と会談する丁光訓　1992 年

けた。九〇年代に彼が取り組んだ大きな取り組みとして、中国基督教協会のＷＣＣ（World Council of Churches、世界教会協議会）への加盟と神学思想建設運動の推進が挙げられる。

丁光訓はかつてＷＳＣＦ、ＹＭＣＡ、ＳＣＭといった国際的キリスト教機関で働いた経歴から、諸外国のキリスト教界と多くの繋がりを持っていた。彼はこうしたパイプを最大限に活かして、八〇年代以降の中国教会の国際舞台への復帰に尽力していた。彼のこうした教会外交の成果もあり、本来であればＷＣＣへの加入要件を満たしていない連盟的な「協会（council）」でしかない中国基督教協会が、一九九一年にオーストラリアのキャンベラで開催されたＷＣＣ総会において、特例として正式に加盟が承認された。

神学思想建設運動は中国教会の保守的・根本主義的な神学を刷新し、より多元的な開かれたものにしようという試みと言える。丁光訓はもとより進歩的な神学思想の持ち主だったが、この時期から彼は神の最高の属性を愛と規定し、キリストの愛はキリスト者・非キリスト者にかかわらず全宇宙に及んでいるという包括的な神学主張を展開した。もっとも論争を呼んだのが、「義認論の淡化（薄める）」という彼の主張だ。大多数の人々がキリスト者ではない中国社会において、もし教会が従来の根本主義的な聖書観や義認論のままであっては社会から乖離してしまい、排他的になってしまうことを彼は懸念していたと思われる。しかし彼の主張は、「信仰による義認を否定し、愛による義認を説いた」と一般には理解され、中国大陸の諸教会のみならず海外の華人教会からも猛烈な批判を浴び、「不信派の標本」とまで評されるほどだった。神学思想建設はその意図としては教会の活性化・刷新を目指していたが、実際には内外からの多くの批判があり、大きな成果をあげることなく先細りとなった。

丁光訓は二〇〇〇年代に入ると老齢のため徐々に表舞台から身を引き始め、最期を迎えるまでの数年間は言葉を発することができなくなるほど弱っていた。そして二〇一二年十一月、九十七歳でこの世を去った。八〇年代以降、丁光訓の悲願だった政教関係の改善や三自愛国教会内の制度改革・神学思想刷新は、いずれも未完のままとなった。

丁光訓亡き後、三自愛国教会が取り組むべき未完の課題は山積状態である。丁光訓の右腕的存在だった陳澤民《チンタクミン》（一九一七―二〇一八、金陵協和神学院の元副院長）は、二〇一〇年一月に金陵協和神学院の新キャンパスで行なった「私にはまだ言うべきことがある」と題する講演で、三自愛国教会が「家庭教会の勃興」「学術界のキリスト教研究の水準」「政府の教会に対する期待」の三点においていずれも大きく遅れをとっている、とする「落後論」を展開した。特に家庭教会について、「我々は『家庭教会』の出現と発展という事実を認めるべきであり、これは過去三十年来否定することも無視することもできないことである」と陳澤民は明言している。

新興家庭教会の勃興と限界―守望教会を例に

家庭教会の起源として、五〇年代の三自愛国教会に加わらず自分たちの集会を守り続けたグループ、一九五八年の連合礼拝以降の教会堂数激減によりやむを得ず家庭で礼拝を守り始めた人々、文化大革命中に家庭で密かに礼拝を守り続けた人々などを挙げることができる。八〇年代以降、前述のように両会に所属する形での教会の再開・新設が相次いだが、王明道のように敢えてそれを拒否する家庭教会も少なからず存在していた。これらの家庭教会の指導者として、林献羔《リンケンコウ》（一九二四－二〇一三）や袁相枕《エンショウシン》（一九一四－二〇〇五）がよく知られている。八〇年代の家庭教会のありようはさまざまだが、総じて都市部・農村部を問わず比較的小規模かつ秘密集会的なものだったと言える。

しかしこうした状況は、九〇年代以降に大きく変化していった。経済発展に伴う農村から都市への大きな人口移動により都市化が進み、社会全体に豊かな富がもたらされたが、同時に共産党の汚職・腐敗の増加や貧富の格差の拡大など多くの社会矛盾も拡がった。天安門事件の衝撃もあり、知識人たちの共産党や社会主義に対する信頼や理想は崩れ去った。こうした複数の条件が人々の精神的空洞化を産み、その結果、中国全体での宗教ブーム（気功や民間宗教を含む）が起こった。

二〇〇〇年代の宗教の活性化は、胡錦涛《コキントウ》政権（二〇〇三－二〇一三年）による高度経済成長の時期を背景としている。同政権は宗教行政に関する初めての体系的な法整備を行い、二〇〇四年に「宗教事務条例」を制定したものの、「和諧社会（調和の取れた社会）」をスローガンとする同政権の宗教政策は従来に比して総じて寛容なものであり、胡錦涛自身が党大会の中で「党の宗教活動に関する基本方針を全面的に実施し、宗教界の指導者と信者に経済と社会の発展を促す上での積極的な役割を発揮させる」と発言するほどだった。また天安門事件以来の国際社会からの様々な批判に対応する中で、経済成長のためには国際社会の信頼回復やイメージ・アップをする必要性もあり、寛容な宗教政策をとったものと考えられる。

これらのことを背景に都市の家庭教会が大きく増加し、若者層や知識人層を引きつけ始めた。こうした新興の家庭教会の中には従来のように反三自愛国教会という理由で家庭教会であることを選び取っているものもあれば、三自愛国教会の大規模の礼拝になじめず自発的に小規模の家庭集会を別途始めたことから発展していった家庭教会もある。またこうした家庭教会の中には継続的活動のために政府に登記し三自愛国教会に加入し、合法性を確保しようとするケースもみられる。

ここでは守望教会（北京）の事例から、都市の新興家庭教会の一側面を紹介したい。守望教会は一九九三年に金天明《キンテンメイ》（清華大学卒、朝鮮族）夫妻が自宅のアパートで聖書研究のグループ（当初十名ほど）を起ち上げたことに端を発する。その後、北京大学・清華大学・人民大学などの教師や学生などの知的エリート層が多く集うようになり、二〇〇五年には主日礼拝三百人、十数の小グループを抱える規模にまで発展した。カルヴァン神学を基調として信仰告白・教会規則を整え、長老制度を採用し、小グループを統合し公的礼拝を重視する「教会型」へと教会形成の方向を定め、機関紙発行、ホームページ開設などを公然と推し進めた。こうした動向は、家庭教会の「公開化」と呼ばれる。

二〇一一年、公開化路線を歩む守望教会の信徒数は千人規模にまで膨れ上がっていたが、同教会はなお未登記状態の非合法組織のままだった。実は同教会は二〇〇五年頃から、三自愛国教会に登記するのでもなく、また従来の秘密集会的な家庭教会のあり方に留まるのでもなく、政府が定めた「宗教事務条例」（二〇〇四年制定、翌年施行）に則して、新たな形で独自に政府登記・認可獲得する可能性を早くから模索し始めていた。これは家庭教会の「第三の道」とも呼ばれている。しかし当局は北京の三自愛国教会を介して登記申請するように通達し、独自に合法化を要求する同教会の申請を実質上、退けた。その後、政府当局は同教会が購入したビルのフロアの家主に対して、鍵を教会側に渡さないよう圧力をかけたり、同教会がレストランのホールを借りられないようにレストラン側に圧力をかけたりし、同教会を徐々に追い込んでいった。そのため、二〇一一年四月、公的礼拝を行う場所を失った同教会は、屋外礼拝を行う決断をした。この動きを事前に察知していた公安は土曜日の内に主任牧師の金牧師やその他の副牧師・長老たちを外出禁止にしたが、それでもなお日曜日に多くの信徒が屋外礼拝のために市内の一角に集まり、その結果一六九人の信徒が拘束された。拘束された信徒たちは間もなく釈放されたが、金牧師は二〇二〇年まで九年以上にわたり自宅軟禁状態を強いられた。しかし、そうした苦難にもかかわらず、同教会は長老宅や小グループで集会を行うほか、ホームページ、メール、ソーシャル・メディアを最大限に活用しながら、教会の歩みを続けている。

二〇〇〇年代、北京には守望教会以外にも大規模化した家庭教会がいくつかあるが（例えば錫《シ》安《オン》教会）、その多くは守望教会のような路線はとらず、当局と上手く交渉しながら法のグレーゾーンの中で教会形成・伝道に取り組む穏健路線をとった。これらの家庭教会の存在と活動を当局は把握・監視しつつも、実質上、黙認状態だった。したがって、この守望教会事件を例外的事件とみる見方もあるが、これはやはり改革・開放以来の政教関係の矛盾を象徴する重要な事件と言える。守望教会事件直後に中国各地の家庭教会の指導者たちが連名で同事件に関する嘆願書を政府に提出したが、その表題に「我ら信仰のゆえに：政教衝突に関して全国人民代表大会に送る市民の嘆願書」と王明道の文章の表題が用いられていることからも、同事件は五〇年代以来続いている政教関係の問題の延長線上にある事柄としても位置づけられる。中国キリスト教研究の専門家である邢福増《ケイフクゾウ》（香港中文大学崇基学院神学院）は、聖書の中の「古い革袋と新しいぶどう酒」のたとえ（マタイによる福音書二章二二節）を引用しながら、政府が宗教組織を一元的に管理する方式（古い革袋）では新興家庭教会の公開化・第三の道（新しいぶどう酒）の問題に対応できないと指摘しているが、守望教会事件を契機に政府当局は宗教政策の再考を迫られたと言える。

四、二〇一三年～現在　習近平体制下における中国キリスト教

宗教政策の大転換⁉

二〇一三年、習近平《シュウキンペイ》が国家主席に就任して以降、彼が政権基盤を固めるために政敵を次々に追い落とし、国家主席の任期撤廃の憲法改正を実施するなど、独裁色を強めていることは周知のことだが、この習近平政権下において宗教政策の締め付けも強化されるようになった。

二〇一六年四月に「全国宗教工作会議」が十五年ぶりに開催され、習近平自らが「宗教工作は党・国家の全体の働きの中で特殊な重要性をもっており……社会の調和や民族団結に関係し、国家安全と祖国統一に関係している」と宗教政策の重要性について述べ、特に「党による指導」の必要性を強調した。また同会議では「宗教の中国化」の方向性も打ち出されたが、キリスト教に関しては、その「中国化」は宣教学的な意味で論じられる土着化や文脈化ではなく、内実は中国キリスト教における西洋の影響力を排除し、中国共産党への従属化を強いる政治的なものと言える。このように、習近平を核心とする中国共産党の全領域に対する権限・権威を強化する流れの中で、宗教に対する指導強化が既定方針となったのである。

温州での十字架強制撤去事件

三自愛国教会に対する取り締まり強化――十字架強制撤去を例に

「宗教の中国化」の一環である「キリスト教の中国化」は、さまざまな取り締まりの形をとって実施されてきた。まず、「十字架」が西洋の宗教のシンボルであり中国共産党が統治する中国には相応しくないとされ、二〇一四年から二〇一五年にかけて、浙江省の数千ヶ所の三自愛国教会の十字架が「違法建築」という名目で、強制撤去の対象となった。さらに二〇一七年から二〇一八年にかけて、今度は河南省のプロテスタントとカトリック両方の公認教会で数千ヶ所の十字架が強制撤去された。こうした十字架強制撤去はその後も断続的に続けられ、安徽省や江西省など中国各地に拡大している（二〇二〇年六月現在）。

こうした事態に対して、三自愛国教会側からも当然のことながら不満の声が高まり、浙江省の中心的教会指導者の顧約瑟《コヨセフ》牧師が政府に対して公に抗議を表明した。すると地元政府当局は同牧師を牧師職から解任し、二〇一七年一月に「資金流用」の罪名で逮捕し、約一年間、拘留した。この一件は、たとえ政府公認の三自愛国教会であっても、政府の意向に従わない場合には容赦なく取り締まるという政府当局の強硬な姿勢を示しており、三自愛国教会に対して大きな委縮効果をもたらした。

こうした十字架強制撤去の他に、教会堂への監視カメラ導入の義務付け、礼拝への子どもの参加の禁止など、各地でさまざまな制限が強化されている。

家庭教会に対する取り締まり強化―秋雨之福教会を例に

非公認の家庭教会に対しては、より厳しい取り締まりがなされるようになった。特に、二〇〇〇年代以降に急成長した「都市型新興家庭教会」は、従来の秘密裏の小規模の家庭教会ではなく、市民社会の中に公に位置付けられる教会形成を目指す「公開化」路線を採り、若者層・知識人層・富裕層を多く引きつけ、政府当局もその社会的影響力を無視できなくなっていた。前述の「守望教会事件」以降、同教会のように先鋭化する家庭教会は多くなく、大半は穏健な公開化路線ではあったが、これらの家庭教会が中国政府の管理・統括を忌避して政府に登録を拒否し続けている状況には変わりはなかった。

そこで政府当局は数年かけて宗教政策を再考し、二〇一八年には従来の宗教事務条例を大きく改訂し、登記義務付けや罰則規定を厳格化した条文を加えた上で、家庭教会に対する取り締まりを強化し始めた。まず、守望教会が取り締まられて以降の北京では最大規模の家庭教会として知られていた錫恩教会、また南方の広州でよく知られていた広州聖経帰正（＝改革派）教会に対して二〇一八年春頃から締め付けを強め、同年九月には「違法集会」として両教会を閉鎖に追い込んだ。

家庭教会に対する一連の取り締まりの中で国内外に最も大きな衝撃を与えたのが、四川省成都市にある秋雨之福聖約教会（以下、「秋雨之福教会」）に対する大規模取り締まりである。同教会の王怡《オウイ》牧師は以前は成都大学の憲法学者であり、公共的な問題に対して積極的に発言・執筆をする「公共知識人」だったこともあり、秋雨之福教会は二〇〇〇年代に設立されて以降、中国における「信教の自由」や「政教分離」を求める発言や活動を盛んに行い、また天安門事件を記念する「国家祈祷日」を毎年六月四日に開催し、社会正義を訴える活動も行っていた。また王怡牧師は教会形成においては「ウェストミンスター信仰規準」を採用し、中国における長老制度による改革派教会の形成を実践したり、さらにはキリスト教学校や神学校などのキリスト教教育機関を教会に併設する形で独自に設立したりするなど、中国の家庭教会の新しい方向性の牽引役として、国内のみならず海外においてもよく知られた存在だった。地元政府当局はこうした王怡牧師と秋雨之福教会の活動を注視し、これまでも何度か同牧師を一時拘束したり、同教会の礼拝に監視のために公安を送り込んだりしていたが、基本的には長年、容認状態が続いていた。

ところが宗教事務条例改定以後の一連の取り締まり強化の中で、二〇一八年一二月九日、現地当局は秋雨之福教会の諸活動が違法であるとして、大規模な取り締まりを行い、王怡牧師夫妻と信徒百人近くを逮捕・拘束した。すでに大半は釈放され、王怡牧師の妻も二〇一九年六月に釈放されたが、同年一一月末には同教会の長老の一人に対して、教会内で非合法に大量の書籍を印刷・発行した「違法経営罪」で懲役四年の実刑判決が出された。さらに同年一二月末には王怡牧師に対しては、「国家政権転覆扇動罪」で懲役九年、政治的権利の三年間の剥奪、私有財産五万元の没収という重い実刑判決が出された。この罪名は、ノーベル平和賞を受賞した民主活動家の劉《リュウ》暁《ギョウ》波《ハ》（一九五五‐二〇一七）に対する罪名と同じである。五〇年代に中国共産党の指導下にある三自愛国教会への加盟を断固として拒否した王明道が、非愛国的であるとして「反革命罪」となった事例があるが、今回の王怡牧師の罪状は、実質的には王明道に対するものと同等のものと言える。

実は王怡牧師は、河南省や北京など各地で強まる政府当局の管理・統制の強化に対して、二〇一八年八月末、他の二十八人の家庭教会の指導者たちと連名で《キリスト信仰のための声明》を起草し、同年一〇月末までに四百人以上の家庭教会の指導者たちの賛同署名を集めていた。同声明文では「我々は、こうした公権力に訴えた不義の挙が中国社会に深刻な政教衝突を生み出すと考える。これらの行為は人類がもつ『信仰・良心の自由』に違反し、普遍的な法治の原則にも反

王怡牧師夫妻

する」と政府当局を強く非難している。また同声明文の末尾では「我々は福音の故に一切を損失すること、自由を失うこと、命の代価を支払うことを引き受ける準備がある」と述べられており、王怡牧師をはじめ他の起草者・署名者たちは、自分たちが逮捕・拘束されることを覚悟していた。

王怡牧師が逮捕・拘束された数日後、同牧師自身があらかじめ書きまとめていた《私の声明：信仰的不服従》と題する文書が、秋雨之福教会よりインターネット上に公開された。同声明において王怡牧師は、「私は中国共産党政権の教会迫害や、人々の信仰の自由・良心の自由を奪う罪悪に対して、大きな嫌悪と怒りを覚えている。……私は、中国共産党政権の教会に対する迫害が、極めて悪しき犯罪行為であると考えている。キリストの教会の牧師として、私はこのような罪悪に対して、厳しい非難を公にしなければならない。……教会とイエス・キリストを信じる中国人とに対する迫害こそが、中国社会の最も邪悪で、最も恐ろしい罪悪である」と、中国政府のキリスト教迫害を「罪悪」として強く告発している。しかし、同時に王怡牧師は、「社会制度や政治制度を変革しようとする一切のことは私が召された使命ではなく」、あくまで「非暴力によって、そして平和と忍耐の内に、聖書と神に反するあらゆる人間の法律に敢えて背く」ことが自分の使命であると述べ、自身の言動はあくまで「信仰的不服従」であり、自身の抵抗は「権利擁護運動や市民的不服従といった政治運動」では決しなく、あくまで彼自身の信仰の問題であると強調している。

※《キリスト信仰のための声明》と《私の声明：信仰的不服従》の日本語訳全文は、松谷曄介（編訳著）『香港の民主化運動と信教の自由』（教文館、二〇二一年）に所収。

国家安全問題としてのキリスト教人口急増

では、習近平体制になって、なぜこれほどまでにキリスト教に対する宗教政策が厳しくなったのだろうか。確かに、取り締まり強化はキリスト教に対してだけでなく、新疆ウイグル自治区のイスラム教やチベットのチベット仏教に対しても締め付けが強化されている。そして、イスラム教やチベット仏教は領土問題や民族問題とも深く関連しているだけに、中国政府にとっては重要な政治課題となっている。これに対し、キリスト教の場合は中国において特定の地域や民族と結びついているわけではないが、その数的急成長が全国的に著しいことと、また潜在的に西洋の政治勢力と結託しているのではないかという警戒感があることが相まって、中国政府による統制・

管理が強化されたと考えられる。

では中国政府が脅威に感じているキリスト教の数的成長とは、具体的にどれほどのものなのだろうか。

ここでは中国におけるプロテスタントの信者数に限定して見ていくが（カトリック信者数に関しては本書コラム「一九四九年以降のカトリック教会」を参照）、一九〇〇年前後は約一〇万人、一九五〇年前後は約一〇〇万人、一九八〇年前後には政府の公式発表で約三〇〇万人とされていた。文化大革命を経て、キリスト教信者数が減少したのではなく、むしろ大きく増加したことは、実に驚くべきことと言えよう。

改革・開放政策以降、三自愛国教会も家庭教会も数的に成長してきたが、従来は農村地域を中心に貧しい庶民層のキリスト者が多かったのに対して、特に九〇年代以降の特徴は、都市化に伴う若年層・知識人層・富裕層のキリスト者の急増と、都市部の新興家庭教会の勃興だ。中国社会科学院が二〇一〇年に発表した調査報告では、プロテスタント人口が二三〇五万人（総人口比約一・八％、ただしその内訳は洗礼を受けている信者が約一六〇〇万人、洗礼は受けていないがキリスト教信仰を自認する者が約七〇〇万人）とされているが、この統計は政府公認の三自愛国教会のみを対象としており、非公認の家庭教会の人数は含まれていない。ピュー・リサーチ・センター（アメリカの研究機関）がやはり二〇一〇年に発表した調査報告では、三自愛国教会と家庭教会の両方を含めたプロテスタント全体の信者数は約五八〇〇万人と推計されている。これら二つの統計に基づくならば、二〇一〇年の時点では、三自愛国教会が約二三〇〇万人、家庭教会が約三五〇〇万人と推計することができ、家庭教会の信者数が三自愛国教会の信者数を遥かに凌いでいることが分かる。

二〇一八年、中国政府（国務院）が出した『中国における宗教信仰の保障に関する政策と実践』白書では、プロテスタントの信者数は約三八〇〇万人と発表された。これを三自愛国教会の信者数とすれば、八年前から約六〇％増である。もし家庭教会も同じ増加率だと仮定すると、家庭教会の信者数は約五六〇〇万人という計算になり、両者を合わせるとその数は約九四〇〇万人と推計できる。これに二〇一八年政府発表のカトリック信者数の約六〇〇万人を加えれば、キリスト教信者数は約一億人ということになる。もちろん、非公認教会の家庭教会の正確な信者数は数えようがなく、また公認教会の公式発表の信憑性が担保できない状況にあって、こうした数字は単なる推計にしかすぎず、実際にはそれよりも多いと主張する人も、それよりも少ないと考える人もいる。

しかし、たとえキリスト教信者数が一億人であるという数字が統計的な正確性に欠けているとしても、中国政府はキリスト教が一億人に迫るほどまでに急増していると認識しているようだ。例えば、二〇一三年に人民解放軍参謀本部が制作した「静かなる戦い」（Silent Content）というタイトルの思想宣伝映像では、アメリカをはじめとする西洋諸国による「西洋文化」の中国への浸透は、中国人の思想を洗脳することで国家転覆を図ろうとするものであるとした上で、西洋のキリスト教も広く浸透しており、キリスト教の信者数が一億人に迫っていると警告を発している。中国共産党員は約九千万人であるから、キリスト教信者数がそれに拮抗する勢力になりつつあると中国政府は見ているのだ。

また二〇一四年に出された『国家安全藍皮書』では、「西洋敵対勢力の中国に対する宗教浸透の方式は更に多様化・広範囲化しており、手段も多様化・隠蔽化してきている。……境外宗教滲透勢力は既にその触角を中国社会の各領域に伸ばしており、浸透態勢は益々激しさを増している」と指摘されている。

中国政府もキリスト教信者数を正確に把握しているわけではないだろうが、キリスト教信者の急増が国家安全保障にもかかわる重要問題であると認識し、警戒を強めていることは間違いない。

中国政府がキリスト教に関して最も恐れているのは、政府の権威（厳密には中国共産党の権威）に拮抗し得るキリスト教の「神の権威」と言えよう。「宗教の中国化」の一環として推進されている「キリスト教の中国化」とは、最終的には、この「神の権威」を中国共産党の権威の下に従属化することを目的としている。この「権威と権威の戦い」が今後どのようになっていくのかは、中国社会がどのようになっていくかを推し量る試金石と言えよう。

おわりに

特に二〇〇〇年代に数的に急成長した中国のキリスト教だが、今後、向き合わねばならない課題は多々ある。ここでは特に四点ほど指摘しておきたい。

第一に、政教分離の原則に基づく宗教法の将来的確立という課題が挙げられる。八〇年代に共産党の宗教政策を打ち出した「一九号文件」や二〇〇〇年代に国務院で批准され、二〇一八年に改訂された「宗教事務条例」などがあるが、いずれも党や政府が宗教を管理するという立場から作られているため、中華人民共和国憲法第三十六条に明記されている「信教の自由」が完全に保障されているわけではない。そのため、公認教会の三自愛国教会に対する十字架撤去であったり、非公認教会の家庭教会に対する強圧的取り締まりであったり、時代ごと·地方ごとに恣意的な宗教管理・統制が行われることが少なくない。

こうした問題に対して、北京普世社会学院研究所の所長を務める劉鵬《リュウホウ》は、現行憲法三十六条を「中華人民共和国公民は宗教信仰の自由およびその信仰を実践する自由を有する。国家は政教分離を実行する」と改正し、それに基づいて宗教保護のための宗教法を作ることを提言している。

また、中国を代表する神学者の王艾明《オウガイメイ》は、穏健な表現を用いつつ、かねてより次のような鋭い提言をしている。

私が提示する根本的解決方法は、憲法を基礎として自治的教会の建設が許可されること、そして政教分離という憲法的原則の下で、宗教局（二〇一八年以降は中国共産党統一戦線部門の管轄下に置かれる）の役割と権限が中国の法的制約と監督を真に受けるようになることだ。一九五〇年初頭の革命政党に起源を持つ宗教政策は、世界的に重要な位置を占める大国の政権政党の宗教政策へと転換されるべきである。

第二に、三自愛国教会に関しては、教会論の未確立という重要問題を抱えている。丁光訓が指摘していたように、三自愛国教会は「教会」ではなく、三自愛国運動委員会と中国基督教協会という「両会」組織に所属する各個教会の集合体にしか過ぎない。また三自愛国教会は教派主義を脱した「ポスト教派」であると自称しているが、実際には三自愛国教会の枠組みの中にセブンスデーアドベンチスト教会、真耶穌教会、基督徒聚会処などの教派的グループが存在している。今後、政府との関係をどのようにするかという政教関係の課題も重要だが、それと同時に、三自愛国教会（両会）が各個教会主義、教派主義、地域主義などを克服し全体教会形成へと向かっていくのか否か、換言するならば、合同教会としての教会性（エクレシア）を確立できるか否かという教会論的課題も避けて通れないだろう。

第三に、家庭教会に関しても教会論をめぐる諸課題がある。家庭教会は無数の各個教会あるいは連盟的教会の総称であり、「家庭教会」という一つの教会組織があるわけではない。また家庭教会には教派がないと言われ、「家庭教会は初代教会のようだ」と形容されてきたが、もしそうだとするならば家庭教会は初代教会と同様に遅かれ早かれ諸々の神学論争に直面しなければならないということをも意味しており、既に各地で神学的相違からくる対立や分裂が顕在化いる。特に二〇〇〇年代以降、信仰や職制の違いから自ずと教派的な要素が生じてきており、改革派・長老派の伝統に立とうとする前述の守望教会や秋雨之福教会のような家庭教会も誕生してきた。したがって、家庭教会の合法化の可否の問題は、延いては合法的教派設立の可否という問題でもあり、教派の復興をめぐる問題でもある。こうした家庭教会の合法化や教派の合法化は、「信教の自由」のみならず「結社の自由」「言論の自由」を基本とする民主的な市民社会の形成にもかかわる、重要な事柄と言える。

第四に、三自愛国教会も家庭教会も、海外のキリスト教会とどのような関係を結び、維持・発展させていくか、という課題がある。キリスト教会は、一方では現地に根を下ろして土着化し、時代のコンテキストの中で文脈化される必要があるが、他方では世界の諸教会と関係を結び、教会の普遍性を維持しなければならない。習近平体制下においてキリスト教に対する締め付けが急速に強まり、「キリスト教の拡大＝西洋勢力の浸透」と警戒されている状況下において、中国教会と海外教会との関係はこれまで以上に監視の対象となり、大きく制限される可能性がある。米中対立が激化しつつあり「新冷戦」とも形容されるこの時代、中国教会と世界の諸教会は、いかにしてエキュメニズム（教会一致運動）を推進していくことができるかが問われている。

補節　一九四九年以降のカトリック教会

中華人民共和国建国後の中国プロテスタント教会の歴史と同様に、中国カトリック教会の歴史も波乱に満ちたものだった。特にカトリック教会の場合は中国政府とバチカン（ローマ教皇庁）との関係やそれに伴う司教（中国語では「主教」）任命の問題などがあり、プロテスタント教会とはまた別の複雑な問題と向き合わねばならなかった。

一九五〇年一一月、中国人神父・王良左《オウリョウサ》などの主導により「天主教自立革新宣言」が出され、カトリック教会の「三自運動」が展開された。しかし、ローマ教皇を頂点とする「唯一の聖なる公同の使徒的な教会」を特に重んじる中国カトリック教会では、プロテスタントのようには政治運動がすぐには広がらなかった。そこで一九五一年以降、中国共産党政府は、バチカン駐中国公使として派遣されていたアントニオ・リベリ（黎培理）をはじめとする外国籍の教職者（司教、修道士、修道女）を国外追放し始めた。また一九五五年には、龔品梅《キョウヒンバイ》など有力な中国人の司教を「反革命罪」で次々と逮捕・投獄し、抵抗勢力を一掃した。

北京の中心街にあるカトリック教会（東堂）

一九五七年八月にはバチカンの認可を得ていない「中国天主教友愛国会」（一九六二年に「中国天主教愛国会」に改称）が組織された。外国人司教の国外退去により多数の教区が司教不在となってしまったため、同愛国会はバチカンの認可を経ないままの「自選自聖」（独自に選出・任命）の仕方で司教任命を行うようになった。「自選自聖」は後にバチカンに承認を求めることができ、実際には承認されたケースも多くあるが、こうしたバチカンの認可を得ずに中国政府の意向のみでなされる司教任命問題は、今日に至るまで続いている。

文化大革命中は中国カトリック教会もすべて閉鎖され、多くの聖職者が投獄されたり労働改造を強いられたりした。文化大革命が終わり改革・開放政策がはじまると、中国カトリック教会はプロテスタント教会が「中国基督教協会」を組織したのと同様に、中国天主教愛国会の他に教務を司る組織として新たに「中国天主教主教団」と「中国天主教教務委員会」を設け（後に後者は前者に吸収合併）、新たな出発を始めた。

しかし、中国天主教愛国会・主教団に加わることを良しとせず、あくまでローマ教皇に忠誠を誓う非合法のカトリック教会（地下教会）も多数存在している。これらの教会の司教は独自に「天主教中国大陸司教団」を組織し、バチカンと公式の関係を保持している。

中国天主教愛国会・主教団に所属する信徒数は、二〇一〇年の中国社会科学院の発表では約五七〇万人、二〇一八年の国務院の発表では約六〇〇万人とされているが、これらには非合法の地下教会の信徒数は含まれていない。ピュー・リサーチ・センターは二〇一〇年の時点で、中国カトリック全体の信徒数を約九〇〇万人、聖神研究センター（香港）は二〇一八年の時点で約一〇〇〇万人と推計している。したがって、二〇一八年の国務院と聖神研究センターの統計を照らし合わせるならば、政府公認のカトリック教会の信徒数が約六〇〇万人であるのに対し、非合法の地下教会の信徒数は約四〇〇万人と推計できる。

中国政府との間には前述のような任命権をめぐる緊張関係が長年続いてきたが、二〇一八年九月に両者間で司教任命をめぐる暫定合意書の署名がなされた。暫定合意の内容は明らかにされていないが、このことはローマ教皇に忠誠を誓ってきた地下教会の司祭や信者を見捨てることになるという見方もあり、特に香港教区の元司教・陳日君《チンニチクン》枢機卿は「ローマ教皇は中国のことを理解していない」と題する一文をニューヨーク・タイムズに寄稿し、バチカンの中国政府に対する行き過ぎた譲歩・妥協に対して警鐘を鳴らした。

二〇二〇年十月、中国政府とバチカンは、この暫定合意をさらに二年間延長することを決定した。とはいえ、これはあくまで「暫定」合意であり、今後いずれ正式合意に至るのか、あるいは合意内容の修正がなされるのか、または暫定合意が取り下げられるのか）依然として不透明なまだ。司教任命をめぐる問題の行く末がどのようになっていくのか、またバチカンが駐台湾（中華民国）大使館を中国大陸に移すことが果たしてあり得るのか否か、いずれも注視すべき課題である。

（松谷曄介）

※陳日君枢機卿による、中国政府とバチカンの暫定合意に対する批判は、松谷曄介（編訳著）『香港の民主化運動と信教の自由』（教文館、二〇二一年）所収の陳日君「バチカンにより破滅の道へ追いやられた中国カトリック教会」を参照。

香港のキリスト教

〈一国二制度における香港キリスト教〉

「中国」のキリスト教を考える時、「香港」のキリスト教の特殊な状況に着目するのも忘れてはならない。香港のキリスト教人口は『香港年報』（二〇一七年）によれば、プロテスタントが約五〇万人、カトリックが約三八・九万人と全人口の約一二％（香港中文大学・崇基学院神学院の独自統計では一五～二〇％）だが、イギリス植民地時代に政府が教育福祉事業をキリスト教団体をはじめとする民間団体に多く依託したこともあり、公立の小学校から高校までの全校九五七校の内、約五四％（二〇一七年）、香港社会福祉協議会に登録している四六五機関の内、約二七％（二〇一八年）をキリスト教系が占めている。

香港のプロテスタント諸教派の多くは、一九四九年以前には中国大陸の教会組織の一部であり、また一九四九年以後にも大陸から香港に移入してきた教派が多くあるため、大陸のキリスト教と歴史的連続性を持っていることは否定しがたい。しかし一九四九年の中華人民共和国建国以後は、中国大陸と香港の間での連絡が困難となってきたこともあり、やがて香港の諸教会は大陸の教派から分離独立し、それぞれに香港を一つの単位とする教派を形成するようになった。

中国大陸で改革開放政策がとられ始めた一九八〇年代以降、香港の諸教会は大陸同胞の教会をさまざまな形で支援をし始めた。アヘン戦争以降イギリスの植民地だった香港が一九九七年に中国に返還されてから、香港の諸神学校は大陸からの留学生を受け入れるようになり、より高い水準の神学教育環境を求めて香港にやってくる大陸の伝道者・神学生が増加した。香港の神学教師の多くは欧米で学位を取得しており、この点において中国大陸の神学校とは大きく異なっている。

しかしその一方で、「一国」になったとはいえやはり「二制度」であるため、香港のプロテスタント教会は、中国大陸の三自愛国教会でもなければ、家庭教会でもない。その意味で、「香港教会」は決して「中国教会」ではない、ということに注意しなければならない。香港教会と中国教会は歴史的には連続性を持っていながらも、現在では制度的には明らかな断絶があるのだ。また近年、北京政府の香港に対する圧力の高まりに対して、特に若い世代が反発を強めており、自分たちは「中国人」ではなく「香港人」であるという意識を持つ人々が増えてきている。このことは教会にも影響を与えており、若い世代の香港人クリスチャンは、以前ほど中国大陸のキリスト教に親近感を持たなくなってきている。

〈雨傘運動とキリスト教〉

二〇一四年九月末から十二月にかけての香港では、普通選挙をめぐる議論で北京・香港政府に反発する市民・学生が政府市庁舎付近や繁華街を占拠する「雨傘運動」が起こった。この運動の先駆けとなった「オキュパイ・セントラル運動」の発起人三人の内、一人は熱心なクリスチャン大学教授・戴耀廷《タイヨウテイ》（ベニー・タイ）、一人はバプテストの牧師・朱耀明《シュヨウメイ》だった。陳健民《チンケンミン》も、若い時には教会に通っていた経験がある。また学生組織の一つである「学民思潮」（二〇一六年に解散）のリーダーで雑誌『タイム』の表紙も飾った黄之鋒《コウシホウ》（ジ

オキュパイセントラル運動発起会（左から朱耀明、戴耀廷、陳健民）

TIMEの表紙を飾った黄之鋒

ヨシュア・ウォン）は、クリスチャン・ホームで育った青年だ。その他、香港カトリック教会の元司教の陳日君枢機卿も雨傘運動の先頭に立っていた。

このように社会に根づいている香港のキリスト教だからこそ、オキュパイ・セントラル運動や雨傘運動に積極的に参与するこうしたキリスト教徒を多数生み出したといえよう。

（松谷曄介）

〈逃亡犯条例反対運動から国家安全法へ——揺れる香港〉

二〇一九年、香港は反逃亡犯条例運動で揺れた。デモ参加者と警察の激しい衝突は世界の注目を集めたが、この運動においてもいくつかの局面でキリスト教が存在感を発揮した。その最初は五月後半から始まった条例改正反対のネット署名運動である。六月九日時点での集計によれば署名の総数は二七万筆あまり、そのうち中学、高校で集められた署名が一七万四千筆ほどとなったが、学校ごとの署名数で上位一〇校に入ったのはすべてミッションスクールだったのである。このほかに各教派、教会ごとに集められたキリスト教界の署名も八千筆を超えた。

さらに、プロテスタントの教職者がこの署名運動のために組織した、超教派のグループ「香港キリスト教教職者署名準備委員会」は、六月一〇日から一二日の三日間「祈りのマ

2019年6月15日、立法会に通じる陸橋の封鎖線の前で集会を開き、“Sing Hallelujah to the Lord”を歌う人々（筆者撮影）

ラソン」運動を行った。六月一二日がこの条例改正案の審議入りの予定だったからである。そして一一日の夜の祈祷会の後、多くの信徒がその場に残り、賛美歌“Sing Hallelujah to the Lord”一曲だけを翌朝までほぼ途切れることなく、実に九時間もの間歌い続けるという現象が起きる。一二日早朝の祈祷会の参加者は二千人近かったという。一二日の日中には立法会周辺でデモ隊と警官隊の激しい衝突が起き、審議入りは事実上不可能になった。この一件以降、数ヶ月にわたって“Sing Hallelujah to the Lord”は衝突が起きそうな現場でテーマソングのように歌われることになる。

一方、同じく六月一二日の衝突に関連して、カトリック香港教区の夏志誠《カシセイ》補佐司教が語ったミサ説教も大きな反響を呼んだ。夏司教は一二日の夜のミサで、抗議活動に参加していた若者との出会いについて語り、涙ながらに若者たちを弁護したのである。この説教の録画映像はSNS上で急速に拡散し、一般市民の間でも共感を得た。

そして七月以降、デモが香港全土に拡散していくなかで、キリスト教会の一部はもう一つ役割を担うようになった。デモ参加者のための「休憩と祈りの場」の提供である。休憩所を提供した教会の中にはデモの予定時刻を過ぎても開放時間を延長し、警察に追われて逃げ込んできた前線の若者たちを受け入れるところも少なくなかった。場合によっては、若者たちが教会に宿泊し、デモ隊の象徴である黒いシャツを別の色のシャツに着替えてから帰ることもあった。

2019年9月9日、中高生の人間の鎖・抗議運動の現場。ミッションスクールの真光学校のOGが持っていたプラカードには「汝は世の光なり」という聖書の一節が書かれていた。

もちろん、政府支持の立場の信徒も相当な数にのぼっており（キャリー・ラム行政長官自身もカトリック信徒である）、キリスト教会の多くが内部の分断に直面している。二〇二〇年に入り、新型コロナ肺炎の流行とともに激しい抗議活動は一旦沈静化した。すると、中国政府は五月二八日、香港版「国家安全維持法」の制定を突如発表する。これは中国式の法律を直接香港に適用するもので、香港の司法の独立や自由が失われることが強く懸念された。だが中国政府は短期間で法律の制定を強行し、六月三〇日深夜に発布と同時に施行した。この法律は罪状や量刑の規定が曖昧で、恣意的な運用の余地を残す。カトリックの陳日君枢機卿は、同法は香港の信教の自由を脅かすと警告している。他方で香港聖公会の鄺《コウ》保羅《ポール》大主教は同法を「歓迎する」と発言した。同法の施行と同時に抗議活動や言論、学術などへの統制は厳しさを増している。米中新冷戦の引き金となった香港は、政権支持が「踏み絵」となる冬の時代を迎えている。

（倉田明子）

※香港についての概説は倉田徹・張彧暋（共著）『香港　中国と向き合う自由都市』（岩波新書、二〇一五年）および吉川雅之・倉田徹（編著）『香港を知るための六〇章』（明石書店、二〇一六年）を参照。

※「香港国家安全維持法」下のキリスト教をめぐる状況と、これまでの民主化運動におけるキリスト者の参与については、松谷曄介（編訳著）『香港の民主化運動と信教の自由』（教文館、二〇二一年）を参照。

参考文献

第一章
R・C・フォルツ『シルクロードの宗教――古代から一五世紀までの通商と文化交流』常塚聴訳、教文館、二〇〇三年。
Christoph Baumer, *The Church of the East: An Illustrated History of Assyrian Christianity*, Bloomsbury Publishing, 2016.
三代川寛子編著『東方キリスト教諸教会――研究案内と基礎データ』明石書店、二〇一七年。

第二章
矢沢利彦『中国とキリスト教――典礼問題』近藤出版社、一九七二年。
ジャック・ジェルネ『中国とキリスト教――最初の対決』法政大学出版局、一九九六年。
桐藤薫『天主教の原像――明末清初期中国天主教史研究』かんよう出版、二〇一四年。

第三章
並木頼寿責任編集『開国と社会変容――清朝体制・太平天国・反キリスト教（新編原典中国近代思想史1）』岩波書店、二〇一〇年。※本章で言及した『勧世良言』や『資政新篇』、『遐邇貫珍』

の抜粋を収録。
倉田明子『中国近代開港場とキリスト教』東京大学出版会、二〇一四年。

第四章
Bob Whyte, *Unfinished Encounter, China and Christianity*, William Collins Sons, 1988.
Daniel H. Bays, *A New History of Christianity in China*, Willey-Blackwell, 2012.
佐藤公彦『清末のキリスト教と国際関係――太平天国から義和団・露清戦争、国民革命へ』汲古書院、二〇一〇年。

第五章
山本澄子『中国キリスト教史研究　増補改訂版』山川出版社、二〇〇六年。
中国女性史研究会編『中国女性の一〇〇年――史料にみる歩み』青木書店、二〇〇四年。
石川照子「中国ＹＷＣＡ（女青年会）の日本観――雑誌『女青年』の日本関係記事の考察」歴史学研究会編『性と権力関係の歴史』青木書店、二〇〇四年。

第六章
韓晳曦『日本の満州支配と満州伝道会』日本基督教団出版局、一九九九年。

中村敏『日本プロテスタント海外宣教史』新教出版社、二〇一一年。

渡辺祐子・張宏波・荒井英子『日本の植民地支配と「熱河宣教」』いのちのことば社、二〇一一年。

小川原正道『日本の戦争と宗教 1899-1945』講談社、二〇一四年。

第七章
松谷曄介『日本の中国占領統治と宗教政策—日中キリスト者の協力と抵抗』明石書店、二〇二〇年。
Baker, Richard, Darkness of the Sun-The Story of Christianity in the Japanese Empire, New York: Abington-Cokesbury press, 1947.
Zhang, Kaiyuan ed., Eyewitnesses to massacre - American missionaries bear witness to Japanese atrocities in Nanjing, M.E.Sharpe, New York,2001.

第八章
富坂キリスト教センター編『原典現代中国キリスト教資料集——プロテスタント教会と中国政府の重要文献一九五〇−二〇〇〇』新教出版社、二〇〇八年。
王艾明『王道—二一世紀中国の教会と市民社会のための神学』松谷曄介編訳、新教出版社、二〇一二年。

松谷曄介「福音は日本と中国のはざ間の波濤を越えられるか？　―日中キリスト教関係の回顧と展望」『神学』第七七号、東京神学大学、二〇一五年。

松谷曄介「現代中国における新興家庭教会の公開化路線―北京守望教会の〈山の上の町〉教会論を中心に」、櫻井義秀編『中国・台湾・香港の現代宗教―政教関係と宗教政策』明石書店、二〇二〇年。

あとがき

本書の原稿を執筆中、浙江省にある公認教会のメガチャーチ、崇一堂の主任牧師が、汚職を理由に逮捕されたというニュースが飛び込んできた。浙江省と言えば、かつて中国のエルサレムとも呼ばれた温州を中心に、各地で公認教会の十字架取り壊しが相次いでいるところである（第八章参照）。主任牧師逮捕は、香港の教会や神学校ですぐさま大きな話題となり、これは明らかな教会弾圧であるとして、たくさんの学者や教会人が即時釈放を呼びかけている。

十字架撤去問題が発覚してからもそうだが、わたしが今回の事件でさらに気になっているのは、こうした隣国のキリスト者の苦難にたいする日本の教会やキリスト者の無関心ぶりである。中国国内のキリスト教会の動向がほとんど外に伝わっていなかった時代であればやむを得ないが、いまは香港や台湾、アメリカから多くの情報がネットで容易に入手できる時代である。それなのに、日本の教会の中に、中国のキリスト者が抱えている様々な苦難を共に分かち合おうとする機運は、残念ながらほとんど生まれていないように思える。

それは、日本の教会のアジア軽視という全体的傾向から見れば無理からぬことなのかもしれない。加えて昨今日本社会全体を覆う「嫌中」の「空気」が、中国自体への関心を教会からも減殺していることも考えられる。しかしそれが決定的な原因ではないような気もする。

思い出すのは、現代神学を専門としている私の同僚の一言だ。「中国のキリスト教の歴史を知りたくても、手近に読みやすい本がないんですよ。渡辺さん、学生たちが手に取れるようなテキストを書いてくださいよ。」そう、関心を持つ人たちはいないわけではないのに、研究者たちがそうした声に応えようとしてこなかったことこそ問われなければならないのかもしれない。自分の研究テーマを追究し学術的関心を満足させるだけで、日中両国の教会やキリスト者がともに悩みともに喜び、重荷を分かち合う営みを他人事のようにとらえてきたのは、私自身ではなかったか。

本書はあくまでも日本の教会人や一般読者の方々に中国キリスト教史への関心を持っていただくことを第一の目的として編まれたものである。読みやすさを考慮し、注を省いたことに加え、少しでも面白く読んでいただけるよう、各章ごとにコラムを設け、重要ではあるが敢えて本文で触れなかったことがらについて人物を中心に取り上げた。各執筆者の担当も、それぞれの専門に応じた時期区分を大まかに設定した以外、盛り込むべき内容については各自が自由に選択し、自由に執筆するスタイルを取った。したがって、たとえば清末以降のカトリックの歴史にはほとんど触れていないこと、一九〇〇年の義和団戦争についても解説を加えていないことなど、伝えるべき重要な事項がいくつも抜け落ちている。本書を通史と呼ぶことはとうていできないだろう。むしろ中国キリスト教史を考えるトピックを提示した入門書という位置づけがぴったりなのではないかと思う。なお、人名表記、伝道会および教会表記の用語統一は行っているが、各々の文体の統一はほとんど行っていない。また膨大な数登場する人名については、必要に応じて原語表記や生没年を付している。

そういうわけで、全体像をしっかりつかむことは難しいかもしれないが、どの章から読み始めても理解できるような構成になっている。おそらく日本の教会の方々の関心を最も引くのは、中国のキリスト教の現在だろう。そのような方々は、ぜひ最終章から読んでいただきたい。

いうまでもなく、日中関係は戦後最悪の状況が維持されたままである。たくさんの観光客が来日し、多額のお金を落としてくれていても、そこに真の交流が生まれているわけではない。対話の試みは少数の心ある人々によって続けられてはいるが、もはや対話の相手ではないとみなす風潮が支配的である。だが、今や世界第二位の経済力を誇る巨大な国と対話も交流もせずに、日本がどのように国際社会を渡ってゆけるというのだろう。交流を避けて通ることなどできないのである。

すべてをビジネスライクに考えて、ウィンウィンの関係を構築するという方向で交流を考える立場もある。しかしキリスト者どうしの交流は最終的には主にある交わりを目指すものである。日中のキリスト者どうしが、「敵意という隔ての中垣を取り除いて」（エペソ二章一四節）くださったイエス・キリストを仰ぎつつ、和解の福音を信じて一歩一歩前進してゆけたらどんなによいだろう。いくら少数派であっても日本の教会が持つ財産（たとえば神学の蓄積など）を提供することによって中国の教会に仕えることは十分可能である。政府の統制と戦う彼らから、宗教弾圧を対岸の火事と眺めていられなくなっている日本の教会が学び取るべきことも山ほどあるだろう。そのための真の対話と交流に、本書が少しでも役立つことを心から願っている。

本書の構想は、かんよう出版の松山健作さんが最初に提案され、まず同社の定期刊行誌『キリスト教文化』に、今回と同じメンバーが寄稿した。本書はその時の原稿をベースに書かれているが、内容は大幅に改変されている。度重なる入稿の遅れを辛抱強く待ち続けてくださった松山健作氏、かんよう出版社長の松山献氏にはお礼の言葉もない。まえがきに当たる「『はじめての中国キリスト教史』を読む方々へ」は、立命館大学教授で今回の執筆者の研究仲間でもある金丸裕一氏にお願いした。東洋経済史がご専門の金丸氏は、近年精力的に中国キリスト教史研究を手掛けておられる。多忙を極める中、身に余る言葉を寄せてくださったことに心から感謝申し上げる。ほんとうにありがとうございました。

渡辺　祐子

増補改訂版あとがき

本書は二〇一六年に刊行されて以来、これまで類書がなかったためか、中国のキリスト教に関心のある方々はもちろんのこと、教会関係の方々にも広く読んでいただき、また大学の授業で教科書や参考図書としても使われてきた。完全な通史とは言えないものの、一定の役割を果たすことができたことに安どを覚えている。

しかしながら、すでに多くの読者がお気づきのように、中国政府の宗教統制は王怡牧師の逮捕投獄に象徴されるようにますます厳しさを増し、さらに逃亡犯条例改正問題、国家安全維持法制定と、香港の状況も悪化の一途をたどっている。そのため、とくに現在進行形の事態を扱う最終章に大幅な加筆が必要となってきた。

そこで松山献代表の温かい励ましと熱心な後押しを受けて、新たな動きを中心に加筆し増補改訂版を出すこととなった。中華人民共和国成立以降の歴史を担当してくださった松谷氏にくわえて、香港研究の専門家としても八面六臂の活躍をしている倉田氏が新しいコラムを執筆されている。初版よりも内容が濃くなり、とりわけ中国キリスト教の現在に関心をお持ちの読者にとって、読み応えのある増補版となっているのではないかと思う。

この小著を通して、少しでも多くの方々が隣国のキリスト教の歴史に触れ、神の栄光のために戦う隣人の苦しみを共に分かち合うことができるよう願ってやまない。

コロナ禍と国家安全維持法、二つの禍の中で

渡辺　祐子

人名索引

※キリスト教関係者の人名を中心に選択し、それ以外については、特に重要と思われるものに限定した。

論文として「明末耶稣会传教士与仏郎机—传教士是侵略者观念的形成」(『史学集刊』2011年第3期、吉林大学、2011年）など。

倉田明子（くらた　あきこ）
東京大学大学院総合文化研究科博士課程修了。博士（学術)。東京外国語大学大学院総合国際学研究院准教授。著書として『中国近代開港場とキリスト教』(東京大学出版会、2014年)、編著として『香港危機の深層』(東京外国語大学出版会、2019年)、論文として「漢会とロバーツ」(『キリスト教史学』70巻、2016年７月）など。

松谷曄介（まつたに　ようすけ）
東京神学大学大学院修士課程修了。北九州市立大学大学院社会システム研究科博士課程修了。博士（学術)。日本学術振興会・海外特別研究員として香港中文大学・崇基学院神学院で在外研究(2014〜2016年)。金城学院大学宗教主事・准教授、日本キリスト教団牧師。著書として『日本の中国占領統治と宗教政策—日中キリスト者の協力と抵抗』(明石書店、2020年)、訳書として『王道—21世紀中国の教会と市民社会のための神学』(王艾明著、新教出版社、2012年)、『香港の民主化運動と信教の自由』(教文館、2021年）など。

渡辺祐子（わたなべ　ゆうこ）
〈監修者紹介〉参照。

〈監修者紹介〉

渡辺祐子（わたなべ　ゆうこ）

東京外国語大学地域文化研究科博士後期課程修了。博士（学術）。明治学院大学教授。著書として『日本の植民地支配と「熱河宣教」』（共著、いのちのことば社　2011年）、論文として「『満洲国』における宗教統制　キリスト教会を中心に」（『明治学院大学キリスト教研究所紀要』51号、2019年１月）、「宣教師の見た日本人牧師『満洲国』のキリスト教界を例として」（『協力と抵抗の内面史　戦時下を生きたキリスト者たちの研究』新教出版社、2019年）など。

〈著者紹介〉

石川照子（いしかわ　てるこ）

津田塾大学大学院国際関係学研究科博士課程修了。大妻女子大学比較文化学部教授。著書として『ジェンダー史叢書第二巻　家族と教育』（共編著、明石書店、2011年）、論文として「近代上海のキリスト教とジェンダー」（『歴史評論』765号、2014年１月）、「宗教政策と都市社会の変容――建国前後のキリスト教界を中心に」（日本上海史研究会編『建国前後の上海』研文出版、2009年）など。

桐藤薫（きりふじ　かおる）

関西学院大学大学院文学研究科博士課程後期課程文化歴史学専攻アジア史学領域修了。博士（歴史学）。日本基督教団六ツ川教会主任担任教師、明治学院大学非常勤講師。著書として『天主教の原像—明末清初期中国天主教史研究』（かんよう出版、2014年）、

アジアキリスト教史叢書 3
増補改訂版 はじめての中国キリスト教史

2016 年 8 月 1 日　初版発行
2021 年 3 月 1 日　増補改訂版発行

監修者　渡辺祐子

著　者　石川照子・桐藤薫・倉田明子・松谷曄介・渡辺祐子

発行者　松山　献

発行所　合同会社 かんよう出版
〒530-0012 大阪市北区芝田 2-8-11　共栄ビル 3 階
電話 050-5472-7578　FAX 06-7632-3039
http://kanyoushuppan.com　info@kanyoushuppan.com
装　幀　堀木一男

印刷・製本　有限会社 オフィス泰

ISBN978-4-910004-15-0　C0016

Printed in Japan

アジアキリスト教史叢書1

韓国キリスト教史概論　—その出会いと葛藤—

徐正敏　著

四六判　本体価格一五〇〇円

アジアキリスト教史叢書2

韓国カトリック史概論　—その対立と克服—

徐正敏　著

四六判　本体価格一五〇〇円